STREET FOOD HOMEMADE

STREET
FOOD
HOMEMADE

Torsten Hülsmann und
Antonio Buntenkötter

Fotografiert von Oliver Brachat

Hölker Verlag

VORWORT

Street Food weckt Sehnsucht und Fernweh. Es erinnert an vergangene Reisen, an tolle Menschen und Begegnungen mit anderen Kulturen. Und vor allem lässt es den einmaligen Geschmack von authentischem Essen aus den verschiedensten Ländern wieder aufleben. Viel braucht man nicht, um die leckeren Gerichte der fernen Garküchen und Straßenstände zu Hause nachzukochen: ein paar Gewürze, frische Zutaten und die Erinnerung an den letzten Urlaub. Street Food ist eben auch Soul Food.

Unzählige Auslandsaufenthalte haben dafür gesorgt, dass wir immer wieder mit Street Food konfrontiert wurden. Als Köche ließ uns das Thema nicht mehr los, bis wir uns 2014 dazu entschlossen, unsere eigene STRASSENKÜCHE ins Leben zu rufen, mit der wir nun über die unterschiedlichsten Festivals dieses Landes touren, um unsere frisch gekochten Gerichte unters Volk zu bringen.

Unsere Rezepte haben oft einen asiatischen Einschlag, aber auch die türkische, italienische, südamerikanische oder auch heimische Küche inspiriert uns immer wieder. Zusammen mit unserem Fotografen Oliver haben wir uns für dieses Buch erneut auf eine kulinarische Reise begeben – frei nach dem Motto: Essen ist unsere Leidenschaft, Kochen unsere Berufung, Straßen sind unsere Bühne, Küchen unser Revier.

Wir wünschen euch guten Appetit oder auch kǧr hâi jà-rern aa-hǎan!
Torsten, Antonio & Oliver

EINLEITUNG

WAS IST STREET FOOD?

Street Food ist ein internationales Phänomen, das eine Form der Esskultur beschreibt, die sich auf der Straße abspielt. An Ständen, in Garküchen oder Food Trucks werden überall auf der Welt die vielfältigsten Gerichte frisch zubereitet und verkauft – an Menschen auf dem Weg zur Arbeit, an Touristen und an alle anderen, die keine Zeit oder Lust haben, zu Hause zu kochen. Das Essen wird in kleinen, handlichen Portionen angeboten, die sich sofort und meist ohne Besteck verspeisen lassen, serviert auf einem Pappteller, als Spieß, am Knochen oder eingewickelt in Teig, Papier, Palm- oder Bananenblätter. So schafft Street Food eine Verbindung zwischen den Menschen und den unterschiedlichsten Kulturen – ob in Thailand, Südamerika oder Indien.

Doch auch in Deutschland hat es schon immer Street Food gegeben, obwohl der Begriff einen relativ neuen Trend zu beschreiben scheint. Denn die Leberkäs-Semmel vom Metzger, der Backfisch im Brötchen von der kleinen Bude am Hafen oder aber das einfache belegte Brot vom Bäcker sind nichts anderes und finden seit Jahrzehnten dankbare Abnehmer. Neuere Erfindungen wie die Currywurst oder der Döner gelten heute sicherlich als das deutsche Street Food schlechthin und gehen jeden Tag wie selbstverständlich zu Tausenden über die Verkaufstheken.

Auf der Straße zu essen war dabei lange der weniger gut situierten, arbeitenden Bevölkerung vorbehalten, die zum Teil keinen eigenen Herd in ihren Unterkünften hatte. Daher traf man sich an öffentlichen Orten, tauschte sich aus und aß gemeinsam, was die Händler für kleines Geld auf der Straße anboten. Oft ließen sich diese Wander- und Garküchen in der Nähe von Märkten, Schlachthöfen oder Häfen nieder, wo sie die gerade erworbenen Lebensmittel mit teilweise sehr einfachen Mitteln sofort zubereiteten. Viel brauchten sie dazu nicht: einen Koch, eine Feuerstelle, ein paar Zutaten – und fertig war das Gericht.

In unserer Kindheit hieß es noch: Zum Essen kommt man nach Hause. Woanders zu speisen galt als großes Ereignis, das nur zu besonderen Anlässen stattfand. Doch in vielen anderen Ländern, vor allem dort, wo es sehr warm ist, spielt sich traditionell fast das gesamte Leben auf der Straße ab. Dies ist dort fester Bestandteil der Kultur, und zwar nicht nur tagsüber. Die Nachtmärkte in Asien und Indien sind immer gut besucht, und man geht dort zusammen mit Freunden und der Familie zum Essen aus. Von unterschiedlichen Ständen werden die verschiedensten Gerichte zusammengetragen und gemeinsam verzehrt. Auf diese Weise ist es ja auch wesentlicher einfacher, eine große Gruppe an Leuten zu verpflegen, anstatt für alle zu Hause zu kochen (und anschließend auch noch spülen zu müssen) – ganz zu schweigen von der immens großen Auswahl und der exzellenten Qualität der Straßenküchen. Denn viele Köche, die Street Food anbieten, haben sich auf zwei, drei Gerichte spezialisiert. Und die schmecken dafür dann ausgezeichnet.

STREET FOOD FESTIVALS

Seit einigen Jahren gibt es hierzulande immer häufiger große Festivals, die ganz im Zeichen von Street Food stehen. Dabei geht es beim Besuch solcher Festivals um so viel mehr als nur darum, sich den Bauch vollzuschlagen. Sie bestechen durch ihr internationales Flair und ihre Vielfalt, durch gute Musik, individuelle Stände und kreative Food Trucks. Sie sind ein Ort der Begegnung, an dem der Genuss im Mittelpunkt steht und gefeiert wird – sowohl von den Straßenküchen-Betreibern, Köchen und Helfern als auch den hungrigen Besuchern. Hier hat man die Möglichkeit, sich kulinarisch neu zu entdecken, sich auszutauschen und andere Küchen, Esskulturen und Nahrungsmittel kennenzulernen. Lasst euch selbst mal berauschen von dieser einmaligen Atmosphäre und natürlich von jeder Menge wahnsinnig gutem, frisch zubereitetem, leckerem Essen!

DIE RICHTIGE KÜCHENAUSSTATTUNG

Leckeres Street Food zeichnet sich nicht nur durch die besondere Rezeptur, sondern auch durch die Zubereitungsart aus – ob Grillen über offenem Feuer oder auf Kohle, Frittieren, Dämpfen, Kochen oder Backen ... für all das braucht man die richtige Ausstattung. Natürlich kann man auch in einem gewöhnlichen Haushalts-Backofen eine gute Pizza backen, aber mit der im Steinofen gebackenen Pizza vom Italiener kann sie es meist nicht aufnehmen. Doch auch kleinere Anschaffungen als ein Steinbackofen wie eine Grillpfanne, ein Reiskocher oder ein hochwertiger Mörser lohnen sich und helfen dabei, so manche Street-Food-Erinnerung aus der Ferne zu Hause in der eigenen Küche aufleben zu lassen.

Hier zeigen wir euch, welche Ausstattung (neben den gewöhnlichen Töpfen, Pfannen und kleineren Küchenhelfern) für viele unserer Rezepte aus diesem Buch essenziell ist. Sie funktioniert natürlich auch anderweitig, doch für den richtigen Geschmackskick und das ultimative Street-Food-Erlebnis solltet ihr vielleicht über die eine oder andere Anschaffung nachdenken.

Dampfkorb

Über Dampf zu garen ist nicht nur eine effektive Garmethode, sondern auch eine sehr schonende. Wir bereiten auf diese Weise zum Beispiel Tamales, Guo Baos, Klebereis und Maiskolben zu. Auch für das erneute Aufwärmen ist ein Dampfkorb sehr praktisch. Für die asiatische Küche empfehlen sich Dampfkörbe aus Bambus, die oft auch direkt in mit Wasser gefüllte Woks gestellt werden. Es gibt sie in unterschiedlichen Weiten und Tiefen, sie sind günstig zu erwerben, leicht zu reinigen und man kann die gedämpften Speisen sogar direkt im Korb servieren. Neben Bambus-Dampfkörben gibt es übrigens auch Topfsets, die man mit Dämpfeinsatz bekommen kann.

Eismaschine

Ganz klar, perfektes, cremiges Eis oder Sorbet selber herstellen geht nur mit einer kleinen Sorbetiere bzw. Eismaschine. Es muss ja nicht gleich die 3-Liter-Vollprofi-Maschine sein, wobei Geräte mit einem Gehäuse und Rührwerk aus Edelstahl auf lange Sicht eine größere Freude machen – die haben allerdings ihren Preis. Für den sporadischen Gebrauch gibt es aber auch gute, günstigere Einstiegsmodelle. Und das Ergebnis wird euch dazu verführen, viel häufiger Eis in der heimischen Küche zuzubereiten.

Fritteuse

Es ist wohl eher unwahrscheinlich, dass die freundliche Dame mit den köstlichen Frühlingsrollen in Chiang Mai eine Elektro-Fritteuse an ihrem Stand hat. Höchstwahrscheinlich wird sie für die Zubereitung dieser kleinen, superknusprigen Röllchen einen gasbefeuerten Wok nutzen. Dafür ist die Chance, dass sie hierfür mit einem Gemisch aus Sojaöl und Schweineschmalz arbeitet (wodurch die Frühlingsrollen besonders lecker schmecken) sehr hoch. Für zu Hause halten wir eine Fritteuse mit Temperaturregelung, ausgestattet mit einem Korb mit stabilem Griff und bestenfalls noch mit einem Deckelsystem mit Filter, dennoch für die sicherere und definitiv auch geruchsfreundlichere Alternative.

Gasbrenner

Gas hat einfach die stärkere und unnachgiebigere Heizkraft. Sie fällt nicht ab wie bei einer Herdplatte, die oft mit einem Thermostat geschützt ist und immer dann an Feuerkraft verliert, wenn man sie gerade braucht. Gas-Kochplatten gibt es für kleines Geld in vielen Asialäden oder im Campingzubehör. Oft werden sie in einem praktischen Tragekoffer angeboten – und schon könnt ihr draußen unter freiem Himmel im Wok kochen, eure Grillpfanne beheizen oder frittieren.

Grillpfanne

Eine gusseiserne Grillpfanne hat eine vielfach höhere Wärmeleitfähigkeit als eine Pfanne aus Edelstahl. Sie braucht zwar eine Weile, um wirklich Temperatur aufzubauen, kann dann aber für einen längeren Zeitraum konstant Hitze liefern. Diese konstante Hitze sorgt für eine hervorragende »Maillard-Reaktion« (Bräunungsreaktion). Und noch ein Vorteil: Für das Grillen oder Braten in einer Grillpfanne benötigt man nur wenig Fett.

Holzkohlegrill

Zu den ältesten und beliebtesten Grillmethoden zählt das Grillen mit Holzkohle. Das einzigartige Raucharoma, das dadurch entsteht und sich auf den Geschmack der so zubereiteten Gerichte überträgt, lässt sich durch keine andere Gartechnik nachahmen, weder durch den Gas- noch durch den Backofengrill oder eine Grillpfanne. Unsere Satay-Spieße beispielsweise brauchen die glühenden Kohlen unbedingt!

Leistungsstarke Küchenmaschine

Eine vielseitige, hochwertige Küchenmaschine wird schnell zum vertrauten Küchenhelfer – ganz egal ob für das Kneten von kleinen Mengen Teig für Burger Buns, für das Aufschlagen von Meringue für Makronen oder für das Durchlassen von Fleischzuschnitten mithilfe des Fleischwolf-Aufsatzes für die Herstellung von Pattys. Ist dieser wertvolle Helfer einmal in den Küchenalltag integriert, wollt ihr nicht mehr auf ihn verzichten. Und als Nächstes träumt ihr dann von einer Teigknetmaschine mit Spiralhaken und sich drehendem Teigkessel ...

Mörser aus Granit und Ton

Unser absoluter Favorit: der Granitmörser. Umso größer, desto besser. Sobald ihr das erste Mal ein Pesto genovese im Mörser zubereitet habt, werdet ihr nicht wieder zu der Variante mit Pürierstab zurückkehren können. Durch Reiben und Stoßen erhält man im Mörser eine Textur, die unvergleichlich ist. Die Currypaste für unsere Laksa herzustellen ist sicherlich ein hartes Stück Arbeit, aber es ist den Aufwand wert. Ein Tonmörser ist für alle Som-Tam-Salate unerlässlich.

Pizzastein

Ihr werdet jetzt vielleicht denken: Seit Jahren funktioniert das Pizzabacken doch auch auf einem normalen Backblech ... Ja, natürlich, das stimmt schon. Aber den Teig auf dem kalten Blech auszurollen und zu belegen, um ihn dann in den vorgeheizten Ofen zu schieben, erzielt eben nicht dasselbe Ergebnis wie das Backen auf einem heißen Pizzastein. Probiert es aus und überzeugt euch selbst! Und neben Pizza ist so ein Stein natürlich auch für diverse Brot-Rezepte ein Gewinn.

Reiskocher

So ein Gerät findet ihr garantiert in beinahe jedem asiatischen Haushalt. Für perfekt gegarten Reis ist es unserer Meinung nach unverzichtbar – ob für Basmatireis für indische Gerichte, Jasminreis für die Thai- und Chinaküche oder für Rundkornreis für japanisches Sushi und Donburi. Besonders praktisch: Es gibt auch Varianten mit Dämpfaufsatz.

BASICS

HOISIN-SAUCE

Der Geschmack dieser leckeren Sauce lässt sich ganz einfach variieren. Wer mag, gibt etwas mehr Fünf-Gewürze-Pulver zu, das man übrigens auch leicht selbst herstellen kann. Und wem die Sauce zu süß ist, kann sie gut mit etwas Bohnensauce und Essig ausbalancieren.

FÜR CA. 600 G

....

120 g Muscovado-Zucker

100 g Süßkartoffel, geschält, gekocht und klein geschnitten

60 ml schwarze Bohnensauce

2 Knoblauchzehen, geschält und fein gehackt

40 ml helle Sojasauce

30 g Honig

40 ml Reisessig

5 g chinesisches Fünf-Gewürze-Pulver

10 g Tahini (Sesampaste)

5 g Chilisauce (z. B. Chili Jam, Rezept auf Seite 118, oder aber Sriracha-Sauce)

1 Alle Zutaten mit 200 ml Wasser in einen Standmixer geben und glatt pürieren.

2 Die Mischung in einen kleinen Topf umfüllen und unter Rühren einmal aufkochen lassen, die Temperatur reduzieren und die Sauce 3 Minuten köcheln lassen.

3 Hoisin-Sauce noch heiß in sterilisierte Gläser oder eine sterilisierte Flasche füllen. Mit offenem Deckel auskühlen lassen, verschließen und in den Kühlschrank stellen. Wenn sie auf diese Weise gelagert und der Inhalt stets mit einem frischen Löffel entnommen wird (auch den Rand der Gläser oder der Flasche nach dem Gebrauch mit einem trockenen Tuch sauber wischen!), hält sich die Sauce ca. 3 Wochen.

SWEET CHILI DIP

Dieser leckere süß-scharfe Dip ist superschnell gemacht und passt
perfekt zu Gegrilltem, zu Meeresfrüchten oder knusprig frittiertem Huhn.

FÜR CA. 400 G

....

300 g feiner Zucker

300 ml weißer Reisessig

10 lange rote Chilischoten, geputzt

300 g kleine rote Chilischoten (Birds Eye),
geputzt

3 g Salz

2 kleine Korianderwurzeln, geputzt

4 Knoblauchzehen, geschält

1 Zucker und Essig in einem kleinen Topf zum Kochen bringen.

2 Beide Chilisorten (nach Belieben mit oder ohne Kerne), Salz,
Korianderwurzeln und Knoblauch mit 300 ml Wasser in einem
Standmixer zu einer glatten Masse pürieren.

3 Das Chilipüree zur Zucker-Essig-Mischung geben. Alles bei
mittlerer Temperatur unter regelmäßigem Rühren um ein Drittel
reduzieren lassen, bis die Sauce etwas eingedickt ist.

4 Den Dip noch heiß in ein großes sterilisiertes Schraubglas
füllen. Mit offenem Deckel auskühlen lassen, verschließen
und in den Kühlschrank stellen. Wenn er auf diese Weise gelagert
und der Inhalt stets mit einem frischen Löffel entnommen wird
(auch den Rand des Glases nach dem Gebrauch mit einem
trockenen Tuch sauber wischen!), hält sich der Dip ca. 3 Wochen.

ERDNUSSSAUCE

Diese Sauce passt perfekt zu unseren Satay–Spießen (Rezept auf Seite 115).
Ist sie euch zu süß, könnt ihr sie mit Fischsauce (oder Sojasauce) ausgleichen.
Und ist sie zu scharf, einfach mehr Zucker und Kokoscreme zugeben.

FÜR CA. 550 G

250 g rohe Erdnüsse, geschält
100 g Kokoscreme, plus ggf. etwas mehr
2 Knoblauchzehen, geschält
40 ml dunkle Thai–Sojasauce
10 ml geröstetes Sesamöl
30 g Muscovado–Zucker
30 ml Thai–Fischsauce (als vegane
Alternative: helle Sojasauce)
5 g Tamarindenpaste
etwas Limettensaft oder Reisessig nach
Belieben
1 kleine rote Chilischote (Birds Eye),
ohne Strunk und Kerne (für mehr Schärfe
die Kerne mitpürieren oder zusätzlich
3 g Chilipulver zufügen)

1 Den Backofen auf 170 °C vorheizen. Die Erdnüsse auf einem Backblech verteilen und im heißen Ofen unter gelegentlichem Rühren goldbraun rösten. Das dauert 15–20 Minuten. Die Erdnüsse anschließend auskühlen lassen und in einem Standmixer oder Mörser grob zermahlen.

2 Alle weiteren Zutaten mit 100 ml Wasser in einem Standmixer (oder mit einem Mixstab) glatt pürieren.

3 Die Mischung mit den zermahlenen Erdnüssen in eine Schüssel geben und mit einem Schneebesen gut vermengen. Die Sauce 30 Minuten stehen lassen, sodass sie etwas eindicken kann und die Erdnüsse Zeit zum Quellen haben. Sollte die Erdnusssauce zu dickflüssig sein, etwas Wasser oder Kokoscreme unterrühren.

4 Die Sauce in sterilisierte Schraubgläser füllen, verschließen und in den Kühlschrank stellen. Wenn sie auf diese Weise gelagert und der Inhalt stets mit einem frischen Löffel entnommen wird (auch den Rand der Gläser nach dem Gebrauch mit einem trockenen Tuch sauber wischen!), hält sich die Sauce ca. 3 Wochen.

TOMATENKETCHUP

Der Klassiker unter den Dips, der insbesondere zu unseren French Fries (Rezept auf Seite 127) nicht fehlen darf. Sobald ihr ihn einmal selbst gemacht habt, wollt ihr garantiert nie wieder Ketchup aus dem Supermarkt.

FÜR CA. 700 G KETCHUP

FÜR DIE TOMATENSAUCE:

2 Dosen geschälte Tomaten (à 480 g)

2–3 EL Olivenöl

100 g weiße Zwiebeln, geschält und fein gewürfelt

180 g rote Spitzpaprika, geputzt und gewürfelt

2 EL Tomatenmark

Salz

Zucker

1 Lorbeerblatt

frisch gemahlener Pfeffer

süßes Paprikapulver

FÜR DIE GASTRIQUE:

200 g Zucker

200 g Himbeeressig

AUSSERDEM:

2–3 EL Himbeeressig zum Abschmecken

1 Für die Gastrique Zucker und Himbeeressig in einem kleinen Topf aufkochen und unter gelegentlichem Rühren 4–5 Minuten leise köcheln lassen, bis die Mischung eine sirupartige Konsistenz erhält. Beiseitestellen und vollständig abkühlen lassen, anschließend in ein Schraubglas füllen.

2 Für die Tomatensauce die Dosentomaten in ein Sieb abgießen und leicht ausdrücken, dabei ca. 250 ml Tomatensaft auffangen. Die ausgedrückten Tomaten grob hacken.

3 Olivenöl in einem großen Topf erhitzen, die Zwiebeln darin farblos anschwitzen. Paprikawürfel zufügen und 5 Minuten mitschwitzen. Tomatenmark zugeben, kurz anbraten, dann die gehackten Tomaten mit dem Saft zufügen. Den Saucenansatz mit etwas Salz und 1 Prise Zucker würzen und das Lorbeerblatt zugeben. 35–40 Minuten bei mittlerer Temperatur unter gelegentlichem Rühren einkochen lassen, bis die Sauce eine sämige Konsistenz hat. Sollte sie zu dickflüssig sein, einfach etwas mehr Tomatensaft zufügen und erneut aufkochen.

4 Die Tomatensauce mit Salz, Pfeffer und Paprikapulver abschmecken, durch ein Sieb passieren und vollständig auskühlen lassen.

5 Die ausgekühlte Tomatensauce mit 50–60 g Gastrique (die übrige Gastrique anderweitig verwenden) und Himbeeressig abschmecken. Den Ketchup in sterilisierte Flaschen oder Gläser abfüllen. Wenn er verschlossen im Kühlschrank gelagert und der Inhalt stets mit einem frischen Löffel entnommen wird (auch den Rand der Flaschen oder Gläser nach dem Gebrauch mit einem trockenen Tuch sauber wischen!), hält sich der Ketchup ca. 3 Wochen.

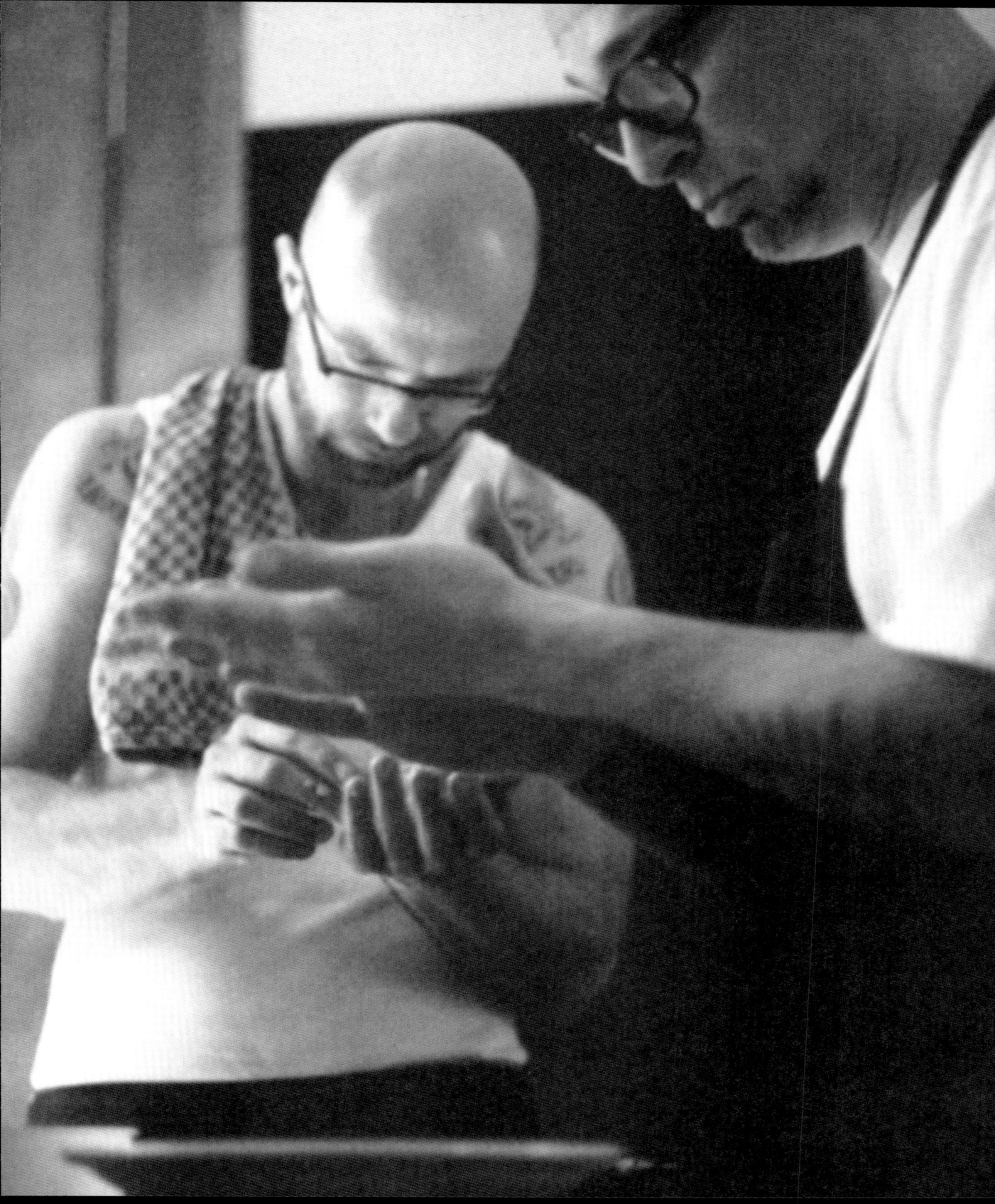

MAYONNAISE UND TATARENSAUCE

FÜR 4–6 PORTIONEN MAYONNAISE
BZW. 4 PORTIONEN TATARENSAUCE

FÜR DIE MAYONNAISE:

3 Eigelb (Größe L)

1 TL milder Senf

50 ml Rapsöl

150 ml Sonnenblumenöl

2 TL Weißweinessig

Salz und gemahlener weißer Pfeffer

FÜR DIE TATARENSAUCE:

1 großes Bund Schnittlauch, fein geschnitten

2 hart gekochte Eier, gepellt und fein gehackt

4 EL Mayonnaise (s. o.)

Salz und gemahlener weißer Pfeffer

1 Für die Mayonnaise alle Zutaten Zimmertemperatur annehmen lassen. Eigelbe und Senf in einem hohen Rührbecher mit einem Pürierstab leicht schaumig rühren oder mit dem Schneebesen verquirlen. Dann zuerst tropfenweise, später in einem dünnen Strahl unter ständigem Mixen bzw. Rühren das Öl einfließen lassen. Sobald die Mayonnaise das gesamte Öl aufgenommen und eine feste Konsistenz hat, mit Essig, Salz und Pfeffer abschmecken und 2 TL Wasser unterrühren.

2 Für die Tatarensauce Schnittlauch im Mörser zu einem feinen Püree zerreiben. Mit den Eiern unter die Mayonnaise rühren und mit etwas Salz und Pfeffer abschmecken.

HUMMUS

Diese orientalische Köstlichkeit aus pürierten Kichererbsen schmeckt nicht nur pur oder mit etwas Fladenbrot als Vorspeise, sie macht sich auch ganz hervorragend als Beilage zu unseren Falafeln (Rezept auf Seite 69).

(Rezept auf Seite 69)

FÜR 2–4 PORTIONEN

200 g rohe Kichererbsen (alternativ
2 x 200 g gekochte Kichererbsen aus
dem Glas, inkl. Kochwasser)
4 g Natron
2 Knoblauchzehen, geschält und fein gehackt
5 g gemahlener Kreuzkümmel
Saft von 1 Zitrone
40 g Tahini (Sesampaste)
5 g Salz
70 ml Olivenöl

AUSSERDEM:
Paprikapulver
gehackte glatte Petersilie
Olivenöl zum Beträufeln
gegrilltes Fladenbrot zum Servieren

1 Die rohen Kichererbsen gut waschen und abtropfen. Mit Natron und 800 ml Wasser in einen Topf geben und 12 Stunden einweichen lassen.

2 Den Topf auf den Herd stellen und das Wasser samt Kichererbsen bei starker Hitze zum Kochen bringen. Den entstehenden Schaum abnehmen, die Temperatur reduzieren und die Kichererbsen mit aufgelegtem Deckel so lange kochen, bis sie sehr weich sind. Im Kochwasser auskühlen lassen.

3 Die Kichererbsen in ein Sieb abschütten, das Kochwasser aufbewahren. Alle Zutaten bis auf das Olivenöl und ein paar Kichererbsen zum Garnieren mit 200 ml Kochwasser in einem Standmixer oder einem hohen Gefäß mit einem Pürierstab zu einer glatten Masse mixen. Sollte sie zu dick sein, etwas mehr Kochwasser zugeben.

4 Das Olivenöl unter stetem Mixen in einem dünnen Strahl zugießen, sodass sich alles miteinander verbindet.

5 Hummus auf einen Teller geben, mit Paprikapulver, Kichererbsen und Petersilie garnieren, mit etwas Olivenöl beträufeln und mit Fladenbrot servieren.

GUACAMOLE

Dieser frische mexikanische Dip aus Avocados, Knoblauch, Koriander und Limettensaft wird klassischerweise zu Tortilla-Chips gereicht. Wir servieren ihn zu Ceviche (Rezept auf Seite 120) und Maisplätzchen (Rezept auf Seite 73).

FÜR 2–4 PORTIONEN

1 Prise Kreuzkümmelsamen

2 Knoblauchzehen, geschält und fein gehackt

3 g Salz

2 reife Avocados

Saft von 2 Limetten

1 Tomate, geputzt, entkernt und fein gewürfelt

1 kleine rote Zwiebel, geschält und fein gewürfelt

2 g gemahlener schwarzer Pfeffer

1 Prise Zucker

1 große grüne Chilischote, geputzt, entkernt und fein gewürfelt

20 g frischer Koriander, gehackt

AUSSERDEM:

Olivenöl zum Beträufeln

1 Den Kreuzkümmel in einem Mörser fein zerstoßen, Knoblauch und Salz zugeben und alles zu einer glatten Paste verreiben.

2 Avocados der Länge nach halbieren, die Kerne entfernen und beiseitelegen. Das Fruchtfleisch mit einem Löffel auskratzen und zu der Knoblauchpaste in den Mörser geben. Limettensaft darüberträufeln und die Avocados zu einem groben Püree zerstampfen.

3 Tomaten- und Zwiebelwürfel mit einem Löffel untermischen und alles mit Pfeffer, Zucker, Chili und Koriander abschmecken.

4 Die Guacamole stilecht im Mörser mit etwas Olivenöl beträufelt servieren. (Bei längerer Lagerung die Avocadokerne wieder zugeben, das verhindert die Oxidation.)

PICO DE GALLO

FÜR 4 PORTIONEN

4 große, reife Tomaten (600–700 g)

2 kleine rote Zwiebeln

1–2 grüne Chilischoten (am besten Jalapeños)

1 reife Avocado

1 Salatgurke

2–3 EL Olivenöl

Abrieb von 1 und Saft von 3 Bio-Limetten

Salz und frisch gemahlener schwarzer Pfeffer

1 großes Bund frischer Koriander

1 Die Tomaten waschen und trocken tupfen, von Stielansätzen befreien, vierteln und die Kerngehäuse entfernen. Die Tomatenviertel auf Küchenpapier abtropfen lassen.

2 Zwiebeln schälen und fein würfeln. Die Chilischote längs halbieren, entkernen und in feine Streifen schneiden. Avocado schälen, halbieren, vom Kern befreien. Salatgurke waschen, längs halbieren, das Kerngehäuse entfernen. Tomaten, Avocado und Gurke in Würfel schneiden.

3 Alle vorbereiteten Zutaten in einer Schüssel mischen, mit Olivenöl, Limettenabrieb und –saft, Salz und Pfeffer abschmecken.

4 Koriander waschen, trocken schütteln und die Blättchen von den Stielen zupfen. Die Blättchen grob, die Stiele sehr fein schneiden und unter die Salsa heben.

CU CAI – MÖHREN UND RETTICH SÜSSSAUER

Wir verwenden das eingelegte Gemüse als Beilage zu unseren Satay-Spießen (Rezept auf Seite 115) – es passt aber auch super in einen Glasnudelsalat oder auf jedes Sandwich, das eine süßsaure und knackige Komponente vertragen kann.

(Rezept auf Seite 115)

FÜR 1 GROSSES GLAS (À 800 ML)

....

100 g feiner Zucker
100 ml Reisessig (am besten thailändischer)
240 g Möhren, geschält und in 4 mm dicken Stiften
240 g Rettich, geschält und in 4 mm dicken Stiften
5 g Salz

1 100 ml Wasser mit Zucker und Essig in einer Schüssel verrühren, bis sich der Zucker vollständig aufgelöst hat.

2 Die Möhren- und Rettichstifte in eine große Schüssel geben und gut mit dem Salz vermengen, anschließend für 15 Minuten abgedeckt stehen lassen. Die Flüssigkeit, die sich am Boden gesammelt hat, abschütten. Die Gemüsestifte in ein sauberes, trockenes Glas mit Schraubdeckel oder in ein Einmachglas schichten. Mit der Essigmischung auffüllen, sodass das Gemüse komplett davon bedeckt ist.

3 Gut verschlossen und im Kühlschrank gelagert hält sich das Möhren-Rettich-Gemüse mindestens 1 Woche.

ROTE-BETE-PICKLES

FÜR 1 GROSSES ODER 2 KLEINE GLÄSER
(À 1,5 L ODER 750 ML)

....

1–1,2 kg Rote Bete (möglichst gleich groß)

400–500 g grobes Meersalz

170 g brauner Zucker

400 ml Himbeeressig

2–3 Nelken

2 Lorbeerblätter

1 TL schwarze Pfefferkörner

1 Den Backofen auf 200 °C vorheizen. Die Beten unter fließendem Wasser vorsichtig waschen. Stängel und Blätter entfernen (und nach Belieben für einen frischen Salat verwenden).

2 Das Salz gleichmäßig auf einem Backblech verteilen und die Beten darauflegen. Die Ofentemperatur auf 180 °C reduzieren und die Rote Bete auf der mittleren Schiene je nach Größe in 50–70 Minuten garen (alternativ können die Beten auch in einem Topf mit kochendem Salzwasser gegart werden).

3 Kurz vor Ende der Garzeit den Fond vorbereiten. Dazu alle übrigen Zutaten mit 300 ml Wasser in einem Topf zum Kochen bringen. Bei geringer Hitze ca. 2 Minuten köcheln lassen, bis sich der Zucker aufgelöst hat.

4 Die fertig gegarten Beten aus dem Ofen nehmen, kurz abkühlen lassen und mit einem kleinen Messer pellen. Dazu am besten Handschuhe tragen. Die Rote Bete vierteln oder achteln und in 1 oder 2 saubere, trockene Einmachgläser schichten. Mit dem warmen Fond übergießen, sodass die Pickles vollständig davon bedeckt sind. Die Gläser verschließen und auskühlen lassen. Rote-Bete-Pickles vor dem Verzehr mindestens 2 Tage im Kühlschrank ziehen lassen. Gut verschlossen und kühl gelagert halten sie sich mindestens 1 Woche.

GURKEN-PICKLES

FÜR 1 GROSSES GLAS (À 800 ML)

200 g feiner Zucker

200 ml Reisessig (am besten thailändischer)

1 Korianderwurzel, geputzt

3 kleine Gurken, geputzt und in dünnen Scheiben

2 Schalotten, geschält und in dünnen Streifen

30 g Ingwer, geschält und gerieben

20 g frischer Koriander, gehackt

1 lange rote Chilischote, geputzt und halbiert

1 TL Salz

1 Den Zucker mit 200 ml Wasser, Essig und der Korianderwurzel einmal aufkochen und auskühlen lassen. Die Korianderwurzel entfernen.

2 Gurken, Schalotten, Ingwer, Koriander und Chili (nach Belieben mit Kernen) in eine Schüssel geben und gut mit dem Salz vermischen.

3 Die Pickles in saubere, trockene Schraub- oder Einmachgläser füllen und mit dem abgekühlten Essigsud begießen. Alle Zutaten sollten davon komplett bedeckt sein.

4 Gut verschlossen halten sich die Pickles im Kühlschrank mindestens 1 Woche.

JALAPEÑO-PICKLES

FÜR 1 GROSSES GLAS (À 900 ML)

370 g frische Jalapeños
2 kleine rote Zwiebeln
250 ml Apfelessig
4 EL Rohrohrzucker
3 TL Meersalz
½ TL weiße Pfefferkörner, angestoßen
2 TL Koriandersamen
1 Lorbeerblatt
1 Knoblauchzehe, geschält und geviertelt

1 Die Jalapeños kurz unter kaltem Wasser abbrausen und abtropfen lassen. Dann (am besten mit Küchenhandschuhen) die Stiele entfernen und die Schoten in ca. 5 mm dünne Ringe schneiden. Zwiebeln schälen, halbieren und in feine Streifen schneiden.

2 Die restlichen Zutaten mit 350 ml Wasser in einem Topf kurz aufkochen. Die Temperatur reduzieren und das Ganze köcheln lassen, bis sich Zucker und Salz aufgelöst haben.

3 Jalapeños und Zwiebeln zugeben, den Fond erneut aufkochen, den Topf von Herd nehmen und für 10 Minuten stehen lassen.

4 Die Pickles in ein sauberes, trockenes Einmachglas füllen und darauf achten, dass sie vollständig mit Essigsud bedeckt sind.

5 Gut verschlossen halten sich die Pickles im Kühlschrank mindestens 1 Woche.

ZWIEBEL-PICKLES

Die eingelegten Zwiebelspalten geben unserem Schweinebraten im Brötchen
(Rezept auf Seite 106) so richtig Pfiff. Aber auch alle anderen Burger können
mit diesem Topping nur gewinnen!

FÜR 1 GROSSES GLAS (À 800 ML)

....

500 g weiße Zwiebeln
5 g Salz
100 g feiner Zucker
100 ml Reisessig
50 g gelbe Senfsamen
4 Lorbeerblätter

1 Die Zwiebeln schälen, der Länge nach halbieren und jede
Hälfte in 8 Spalten schneiden. Die Zwiebelspalten mit dem
Salz in eine Schüssel geben und gut vermengen.

2 Zucker, Reisessig, 100 ml Wasser, Senfsamen und Lorbeerblätter in einen Topf geben und für 1 Stunde stehen lassen.

3 Die Mischung anschließend einmal aufkochen, dann vom Herd
nehmen und wieder auf Zimmertemperatur abkühlen lassen.

4 Die Zwiebeln in ein sauberes, trockenes Schraub- oder
Einmachglas schichten und komplett mit der Zucker-Essig-
Mischung bedecken.

5 Gut verschlossen halten sich die Pickles im Kühlschrank
mindestens 1 Woche.

GUA-BAO-TEIGTASCHEN

Diese Teigtaschen werden gedämpft, nicht gebacken. Ihr braucht dazu einen Dämpfer mit Einsatz, Deckel und Backpapier. Am besten eignet sich ein Bambus-Dampfkorb aus dem Asialaden (siehe auch Seite 9).

FÜR 12–16 TEIGTASCHEN

....

5 g Trockenhefe

60 g feiner Zucker

120 ml lauwarmes Wasser

190 g Mehl (Type 405)

60 g Speisestärke

6 g Backpulver

3 g Salz

40 g Butter, zerlassen

....

AUSSERDEM:

neutrales Pflanzenöl

1 Hefe und 5 g Zucker im lauwarmen Wasser (ca. 26 °C) auflösen und für 10 Minuten gehen lassen.

2 Mehl, Stärke, Backpulver, Salz und den restlichen Zucker in eine Schüssel sieben. Die flüssige Butter mit der Hefemischung vermengen und dann zum Mehl in die Schüssel geben. Den Teig 10 Minuten kräftig durchkneten. Anschließend in eine gut geölte Schüssel legen, mit Frischhaltefolie abdecken und an einem warmen, zugfreien Ort in ca. 45 Minuten zur doppelten Größe aufgehen lassen.

3 Den Teig erneut durchkneten, halbieren, zu zwei 20 cm langen Rollen formen und diese in 2,5 cm dicke Scheiben schneiden. Die Scheiben zu Kugeln formen. (Dabei den übrigen Teig mit geölter Folie abdecken, damit er nicht austrocknet.)

4 Die Teigkugeln oval ausrollen (ca. 7 x 14 cm), die Innenseiten ölen und zusammenklappen. Erneut für 20 Minuten gehen lassen.

5 Einen Topf zu einem Viertel mit Wasser füllen und dieses aufkochen. Den Dämpfeinsatz mit Backpapier auslegen. Die Teigtaschen portionsweise in den Einsatz legen und ca. 5 Minuten bei geschlossenem Deckel dämpfen. Nicht zu viele Taschen auf einmal dämpfen, da sie währenddessen noch aufgehen.

HAND-PIE-TEIG

Das Geheimnis dieses Pie Doughs ist: Das Wasser und die Butter müssen eiskalt sein. Denn nur so erhält der Teig die richtige Konsistenz und lässt sich gut verarbeiten. Wie es mit dem Teig weitergeht, erfahrt ihr auf Seite 84.

FÜR 9 PORTIONEN

....

250 g kalte Butter
350 g Mehl (Type 405)
5 g Salz
40 g Eiswürfel
70 ml kaltes Wasser

1 Die kalte Butter für 20 Minuten in das Gefrierfach legen. Anschließend mit der groben Seite der Küchenreibe zu Spänen hobeln und zurück in das Gefrierfach geben.

2 Das Mehl mit dem Salz vermengen und auf die Arbeitsfläche sieben. Eiswürfel und Wasser mischen.

3 Ein Viertel der Butterspäne zum Mehl geben und mithilfe eines Teigspachtels untermengen. 2 EL Eiswasser zugeben und einarbeiten. Auf diese Weise nach und nach die restliche Butter und das übrige Eiswasser untermischen, bis ein krümeliger Teig entstanden ist.

4 Den Teig zu einer Kugel formen und leicht flach drücken. In Frischhaltefolie wickeln und für 4 Stunden in den Kühlschrank stellen.

HOTDOG BUNS

Damit die Hotdog Buns ihre typische Form erhalten, muss der Teig auf bestimmte Art rund gewirkt, ausgerollt und gefaltet werden.

FÜR 15 BUNS

650 g Mehl (Type 405)

42 g Frischhefe

250 ml lauwarme Milch

100 g Zucker

50 g weiche Butter

2 Eier

1 TL Salz

AUSSERDEM:

etwas neutrales Pflanzenöl zum Bepinseln

etwas Mehl für die Arbeitsfläche und zum Bestäuben

1 Eiweiß, mit 1 EL Wasser verrührt

1 Das Mehl in eine Schüssel geben und in der Mitte eine Mulde formen. Die Hefe in der Milch auflösen und in die Mulde gießen, etwas Mehl vom Rand unterrühren. Die Schüssel mit Frischhaltefolie abdecken und den Vorteig an einem warmen Ort 20 Minuten gehen lassen.

2 Die übrigen Zutaten zugeben und alles in ca. 6 Minuten zu einem glatten, geschmeidigen Teig verkneten. In eine große, leicht geölte Schüssel geben und abdecken. Den Teig 45–60 Minuten an einem warmen Ort gehen lassen, bis er sein Volumen verdoppelt hat.

3 Den Teig auf der leicht bemehlten Arbeitsfläche mit den Händen durchkneten und anschließend in 15 gleich große Stücke teilen (à ca. 80 g). Die Teiglinge rund wirken. Die Kugeln mit den Händen leicht flach drücken und mit einem Nudelholz zu ca. 13 cm langen und 7 cm breiten Zungen ausrollen. Die langen Seiten jeweils zur Mitte falten, den Teig längs zusammenklappen und mit der Falz nach unten auf die Arbeitsfläche legen, die Enden leicht nach unten einschlagen.

4 Ein Backblech mit Öl auspinseln und die Brötchen mit etwas Abstand zueinander auf das Blech legen. Die Teigoberflächen mit etwas Mehl bestäuben, das Blech in eine saubere Kunststofftüte geben und die Tüte verschließen. Den Teig erneut 1 Stunde gehen lassen.

5 Den Backofen auf 185 °C vorheizen. Das Blech aus der Tüte nehmen, die Buns mit der Eiweißglasur bepinseln und in ca. 15 Minuten goldbraun backen. Das Blech aus dem Ofen nehmen und mit einem sauberen, feuchten Küchentuch abdecken, bis die Buns abgekühlt sind.

SCHRIPPEN

FÜR CA. 23 BRÖTCHEN

....

1 kg Weizenmehl (Type 550), plus Mehl
zum Bestäuben
20 g Salz
30 g Frischhefe
560 ml lauwarmes Wasser
30 g Backmalz
30 g weiche Butter

1 Mehl und Salz mischen. Hefe im Wasser auflösen. Alle Zutaten
in ca. 10 Minuten zu einem glatten Teig verkneten. Den Teig
in eine Schüssel geben, dünn mit Mehl bestäuben und mit Frischhaltefolie abdecken. 2 Stunden gehen lassen. Nach der Hälfte der
Gehzeit einmal zusammenwirken und wieder in die Schüssel geben.

2 Den Teig anschließend in 70-g-Portionen teilen, rund wirken
und mit etwas Abstand auf ein Backblech setzen. Die Brötchen
leicht mit Mehl bestäuben, abdecken und 45 Minuten gehen lassen.

3 Den Backofen auf 250 °C vorheizen. Eine Schüssel mit
Wasser in den Ofen stellen. Die Teiglinge mit einer Rasier-
klinge einschneiden und sofort in den Ofen geben. Nach 10 Minuten
die Temperatur auf 220 °C reduzieren, die Schüssel mit dem
Wasser entfernen und die Brötchen in weiteren 15–20 Minuten
fertig backen.

PAKORAS MIT MANGO-CHUTNEY

Die frittierten leicht scharfen Kichererbsen-Nocken harmonieren wunderbar mit dem süßlich-frischen Mango-Chutney, das seine besondere Note durch das Panch Phoron, eine Würzmischung aus Fenchel-, Kreuzkümmel-, Senf-, Bockshornklee- und Schwarzkümmelsamen, erhält.

FÜR CA. 16 STÜCK

FÜR DIE PAKORAS:

250 g Kichererbsenmehl

50 g Mehl (Type 405)

4 g Backpulver

4 g Salz

2 g Chilipulver

je 4 g Garam und Tandoori Masala

5 g Limettensaft

300 g Kartoffelwürfel (ca. 5 mm)

300 g Zwiebelwürfel (ca. 5 mm)

2 Frühlingzwiebeln, geputzt und fein geschnitten

10 frische Spinatblätter, fein geschnitten

25 g frischer Koriander, fein geschnitten

1 große grüne Chilischote, geputzt, entkernt und fein gehackt

FÜR DAS CHUTNEY:

3 g Panch Phoron

1 TL Ingwer, geschält und gerieben

5 g brauner Rohrzucker

2 reife Mangos, geschält und das Fruchtfleisch grob gewürfelt

½ TL Chilipulver

1 Prise Garam Masala

1 Prise Asafoetida (Gummiharz)

1 Prise Salz

AUSSERDEM:

neutrales Pflanzenöl zum Braten und Frittieren

1 Für das Chutney in einer Pfanne etwas Öl heiß werden lassen und das Panch Phoran darin anschwitzen, bis es aromatisch duftet. Ingwer zugeben, kurz mitschwitzen, Zucker einstreuen und die Mangos zufügen. Mit Chili, Garam Masala und Asafoetida würzen. Alles aufkochen lassen und für 3 Minuten köcheln. Mit Salz abschmecken.

2 Den Ofen auf 130 °C vorheizen. Ein Backblech mit Küchenpapier auslegen, darauf einen Gitterrost platzieren und das Ganze auf die mittlere Schiene in den Ofen stellen.

3 Kichererbsenmehl, Mehl, Backpulver, Salz, Chilipulver, Garam und Tandoori Masala in eine Schüssel sieben. Mit 320 ml kaltem Wasser zu einem dicken Teig verarbeiten. Limettensaft untermischen und den Teig 15 Minuten ruhen lassen. Anschließend die restlichen Zutaten untermengen.

4 Öl in einer Fritteuse oder einem hohen, weiten Topf auf ca. 180 °C erhitzen. Mit einem Löffel ungleichmäßige Nocken vom Teig abstechen und diese portionsweise (3–4 auf einmal) in das heiße Fett geben. Die Pakoras in 5–6 Minuten unter regelmäßigem Wenden ausbacken, bereits fertige im Ofen warm halten.

SUPPLÌ

Supplì sind frittierte Reisfrikadellen und werden in Italien häufig als Antipasti gereicht. Außen haben sie eine knusprige Panade und in der Mitte einen cremigen Kern aus Mozzarella oder Scarmorza. Einfach lecker!

FÜR CA. 16 STÜCK

....

750 ml Hühnerbrühe

250 g Tomaten (Dose)

2 Schalotten, geschält und fein gewürfelt

Salz

1 Knoblauchzehe, geschält und fein gewürfelt

1 EL Olivenöl

2 EL Butter

350 g Risottoreis

200 ml trockener Weißwein

200 g Parmesan, gerieben

30 g frisches Basilikum, gehackt

frisch gemahlener schwarzer Pfeffer

180 g Mozzarella (alternativ Scarmorza)

....

AUSSERDEM:

200 g Mehl (Type 405)

3 Eier, mit 50 ml Milch verquirlt

300 g Paniermehl

neutrales Pflanzenöl zum Frittieren

1 Hühnerbrühe mit den Tomaten pürieren und in einem Topf bei niedriger Temperatur am Köcheln halten.

2 Schalotten mit 4 g Salz und Knoblauch in Olivenöl und Butter glasig schwitzen. Den Reis zugeben und bei starker Hitze 2 Minuten anschwitzen. Mit Weißwein ablöschen, diesen einkochen lassen, die Temperatur reduzieren und 200 ml Tomatenbrühe zugießen. Die Flüssigkeit unter ständigem Rühren erneut einkochen und den Vorgang wiederholen, bis der Reis al dente und die Brühe komplett aufgebraucht ist. Parmesan und Basilikum untermengen. Das Risotto flach auf ein Backblech streichen, straff mit Frischhaltefolie abdecken und über Nacht kalt stellen.

3 Am nächsten Tag das Risotto in eine Schüssel geben. Mit Salz und Pfeffer abschmecken und daraus mit leicht angefeuchteten Händen kleine 70 g schwere Frikadellen formen. Mozzarella in so viele Stücke schneiden, wie Reisfrikadellen vorhanden sind. 1 Stück Käse in jede Reisfrikadelle drücken.

4 Je einen tiefen Teller mit Mehl, mit verquirltem Ei und mit Paniermehl füllen. Die Reisfrikadellen nacheinander sorgfältig in Mehl, dann im Ei und zuletzt in Paniermehl wenden.

5 Den Ofen auf 130 °C vorheizen. Ein Backblech mit Küchenpapier auslegen, darüber einen Gitterrost platzieren und das Ganze auf die mittlere Schiene des Ofens stellen.

6 Öl in der Fritteuse oder einem weiten, hohen Topf auf 180 °C erhitzen. Die Supplì portionsweise (4–6 Stück auf einmal) unter Wenden goldgelb ausbacken, die fertigen im Ofen warm halten.

RIEVKOOCHE

Auch bekannt als Reiberdatschi, Kartoffelpfannkuchen oder Erdäpfelpuffer.
Es gibt so viele Namen für dieses einfache Gericht, wie es Dialekte in Deutschland gibt. Wir als Rheinländer nennen sie Rievkooche und servieren sie gerne
mit Rübenkraut, Apfelmus oder aber deftig mit Leber- oder Blutwurst.

FÜR 4–6 PORTIONEN

....

1 kg mehligkochende Kartoffeln, geschält
3–4 Zwiebeln (mindestens 240 g), geschält
3 Eier
3 EL Mehl
Salz und frisch gemahlener weißer Pfeffer
1 Prise Muskat

....

AUSSERDEM:
neutrales Pflanzenöl oder eine Mischung
aus Butter- und Schweineschmalz zum
Ausbacken
Rübenkraut, Zucker, Schmand oder
Crème fraîche zum Servieren

1 Kartoffeln und Zwiebeln am besten mit einer Vierkantreibe
(mittelgrobe Seite) in eine Schüssel reiben. Die Eier aufschlagen
und zugeben. Das Mehl darübersieben, die Mischung salzen, pfeffern und mit Muskat würzen. Alles kräftig mit den Händen mischen.

2 Den Ofen auf 140 °C vorheizen. Ein Backblech mit Küchenpapier auslegen, darauf einen Gitterrost platzieren und das
Ganze auf die mittlere Schiene in den Ofen stellen.

3 Eine große, schwere, am besten gusseiserne Pfanne erhitzen.
So viel Fett in die Pfanne geben, dass der Boden davon ca.
1,5 cm hoch bedeckt ist. Das Fett schön heiß werden lassen.

4 Etwas Rievkoochenteig in eine Suppenkelle (mit ca. 200 ml
Fassungsvermögen) füllen und den Teig dann in die Pfanne
geben. Mit einem Löffelrücken zu einem gleichmäßigen Kreis
(mit ca. 14 cm Ø) flach drücken. Den Rievkooche von jeder Seite
unter einmaligem Wenden in 3–4 Minuten goldgelb backen. Nur
so viele Rievkoochen auf einmal ausbacken, dass diese nicht an-
einanderkleben, die bereits fertigen auf dem Gitter im Ofen warm
halten und abtropfen lassen.

5 Mit Rübenkraut, Zucker und Schmand oder Crème fraîche
servieren.

FRÜHLINGSROLLEN

Wer die frittierten asiatischen Rollen lieber vegetarisch mag, lässt Shrimps und Schweinehack weg. Stattdessen kann man sie mit weiterem Gemüse füllen, zum Beispiel mit fein geschnittenen Möhren oder Paprika.

FÜR 4 PORTIONEN BZW.
12 FRÜHLINGSROLLEN
....

5 getrocknete Shiitake-Pilze

50 ml Austernsauce

50 ml Sojasauce, plus 1 EL extra

50 g getrocknete Vermicelli (Glasnudeln)

2 Knoblauchzehen

Salz

neutrales Pflanzenöl zum Braten und Frittieren

100 g Schweinehackfleisch nach Belieben

100 g Shrimpfleisch, fein gehackt

25 g Sojasprossen

5 g Zucker

frisch gemahlener weißer Pfeffer

2 TL Fischsauce

25 g Frühlingszwiebeln, geputzt und in feinen Ringen

25 g frischer Koriander, fein geschnitten

4 EL Tapiokamehl (Asialaden)

12 Blätter Frühlingsrollenteig (gekühlt, nicht TK)

Hoisin-Sauce zum Dippen (Rezept auf Seite 14)

1 Shiitake mit 200 ml Wasser, Austernsauce und Sojasauce in einem kleinen Topf aufkochen und 5 Minuten leise köcheln lassen, bis die Pilze weich sind. Im Kochfond abkühlen lassen. Strünke entfernen und Pilzköpfe in feine Streifen schneiden. Den Fond aufbewahren.

2 Die Glasnudeln 15–20 Minuten in warmem Wasser einweichen. Anschließend abgießen und in 4 cm lange Streifen schneiden. Den Knoblauch mit 1 Prise Salz in einem Mörser zu einer groben Paste verarbeiten.

3 In einer kleinen Pfanne 2 EL Öl heiß werden lassen und den Knoblauch darin knusprig frittieren. Nach Belieben Schweinehack und Shrimpfleisch zugeben und scharf anbraten. Dann die Shiitake für 1 Minute mitbraten und die Nudeln zugeben. Sollten die Nudeln noch nicht ganz weich sein, 1–2 EL vom Shiitakefond zufügen und einkochen lassen. Sojasprossen zugeben und alles mit Zucker, Pfeffer, Fisch- und 1 EL Sojasauce würzen. Mit Frühlingszwiebeln und Koriander mischen und in einer Schüssel komplett auskühlen lassen.

4 Das Tapiokamehl mit 2 EL kaltem Wasser zu einer dicken Paste verrühren. Die Teigblätter auf der Arbeitsfläche auslegen und je 1 gehäuften TL Füllung in die Mitte setzen. Gut einrollen und die Seiten zu einem Päckchen einschlagen. Die Ränder mit Tapiokapaste bestreichen und fest verschließen. Die bereits fertigen Frühlingsrollen auf ein Blech legen und mit einem leicht feuchten Tuch bedecken.

5 Öl in einer Fritteuse oder einem weiten, hohen Topf auf 180 °C erhitzen. Die Rollen portionsweise (4–6 Stück auf einmal) unter Wenden in wenigen Minuten goldgelb ausbacken. Die Frühlingsrollen noch heiß mit Hoisin-Sauce zum Dippen servieren.

WIENER BACKHENDL

Backhendl gelten bereits seit dem 18. Jahrhundert als Spezialität der österreichischen, insbesondere der Wiener Küche. Stilecht serviert werden sie mit Erdäpfelsalat und Zitronenspalten.

FÜR 4 PORTIONEN

....

60 g Zucker

Salz

1 küchenfertiges Bio-Huhn (ca. 1,2 kg),
in 8–10 Teilen

ca. 300 g Mehl

frisch gemahlener schwarzer Pfeffer

Paprikapulver

1 Prise gemahlener Kümmel

6 Eier

ca. 300 g Paniermehl

Saft von ½ Zitrone

....

AUSSERDEM:

neutrales Pflanzenöl oder Schweineschmalz
zum Ausbacken

frittierte und leicht gesalzene Petersilie
nach Belieben

Zitronenspalten zum Servieren

1 1 l kaltes Wasser in einen Topf füllen. Zucker und 60 g Salz darin unter Rühren auflösen. Die Hühnerteile für 2 Stunden in die Lake legen. Das kalte Wasser abgießen und das Fleisch gut trocken tupfen.

2 Den Ofen auf 140 °C vorheizen. Ein Backblech mit Küchenpapier auslegen, darauf einen Gitterrost platzieren und das Ganze auf die mittlere Schiene des Ofens stellen.

3 In einer Schüssel gesiebtes Mehl, Salz, Pfeffer, Paprikapulver und Kümmel vermengen. Die Eier in einer anderen Schüssel verquirlen. Das Paniermehl in eine dritte Schüssel füllen.

4 Öl oder Schmalz in einer Fritteuse oder einem hohen, weiten Topf auf 175 °C erhitzen. Das Fleisch mit Zitronensaft einreiben und sorgfältig im Mehl wenden, überschüssiges Mehl abschütteln. Anschließend die Hühnerteile durch das Ei ziehen und abtropfen lassen, dann von allen Seiten in das Paniermehl drücken.

5 Je nach Größe der Fritteuse oder des Topfes 3–5 Hühnerteile auf einmal ausbacken. Das dauert 8–12 Minuten. Die Temperatur sollte dabei nicht zu hoch sein, damit die Panade nicht zu dunkel wird. Die bereits fertig frittierten Backhendl auf dem Gitter im Ofen warm halten.

6 Nach Belieben mit frittierter Petersilie und Zitronenspalten servieren.

SIGARA BÖREĞI

Sigara Böreği bekommt man in der Türkei an jeder Ecke. »Zigarettenstrudel« heißt diese kleine Köstlichkeit, die gerne als Vorspeise gereicht wird, übersetzt. Das liegt wahrscheinlich nicht nur am Aussehen, sondern vor allem am Suchtfaktor!

FÜR 15 STÜCK

1 kleines Bund Petersilie
1 kleines Bund Dill
250 g türkischer Schafskäse (Beyaz Peynir, 45 % Fettanteil)
frisch gemahlener schwarzer Pfeffer
Isot (türkisches Paprikagewürz)
15 dreieckige Yufka-Teigblätter

AUSSERDEM:
Pflanzenöl oder Maisöl zum Braten
Tomatensalat zum Servieren

1 Petersilie und Dill abbrausen, trocken schütteln und fein hacken. Den Schafskäse in eine große Schüssel geben und mit einer Gabel sorgfältig zerdrücken. Mit Pfeffer und Isot würzen, die Kräuter zufügen und alles gut vermengen.

2 Ein Schälchen mit kaltem Wasser bereitstellen. Die Yufka-Teigblätter auf der Arbeitsfläche auslegen – je nach Größe der Arbeitsfläche 3–4 Stück auf einmal. Die restlichen Teigblätter bis zur Verarbeitung in der Packung lassen, damit sie nicht austrocknen.

3 Ca. 1,5–2 TL Käsemasse auf der breiten Seite des Teigblatts verteilen. Mit den Fingern zu einer länglichen Rolle formen. Die Teigecken etwas einklappen, weiter einrollen, dabei die Spitze des Teigblatts mit wenig kaltem Wasser anfeuchten und die Sigaras vollständig einrollen. So auch die übrigen Teigblätter verarbeiten, bis alle Sigaras gedreht sind.

4 Den Boden einer großen Pfanne ca. 1 cm hoch mit Öl bedecken und langsam erhitzen. Die Teigröllchen darin in wenigen Minuten goldgelb ausbacken, dabei einmal wenden. Aus der Pfanne nehmen und auf Küchenpapier abtropfen lassen. Mit einem frischen Tomatensalat servieren.

66

FALAFEL

Diese leckeren Falafeln, die ihren Ursprung in Ägypten haben, harmonieren wunderbar mit unserem Tabbouleh (Rezept auf Seite 130), den Rote-Bete-Pickles (Rezept auf Seite 36) und Hummus (Rezept auf Seite 28).

FÜR 6 PORTIONEN BZW. CA. 30 BÄLLCHEN

500 g getrocknete Kichererbsen

2 Zwiebeln (ca. 120 g)

3–4 Knoblauchzehen

2 Möhren

1 großes Bund glatte Petersilie

2 rote Chilischoten

0,5–1 TL Kreuzkümmelsamen

Salz und frisch gemahlener Pfeffer

AUSSERDEM:

ca. 1 l Pflanzenöl zum Frittieren

1 Die Kichererbsen für mindestens 12 Stunden in reichlich kaltem Wasser einweichen, dabei zwischendurch zwei- bis dreimal das Wasser wechseln.

2 Am nächsten Tag Zwiebeln, Knoblauch und Möhren schälen und fein würfeln. Die Petersilie abbrausen, trocken schütteln und fein hacken. Chilis putzen, entkernen und ebenfalls fein hacken. Den Kreuzkümmel in einer trockenen Pfanne leicht anrösten, anschließend abkühlen lassen und in einem Mörser fein mahlen.

3 Die Kichererbsen abgießen und in einem Sieb abtropfen lassen. Mit Zwiebeln, Knoblauch, Petersilie, Möhren und Chilis in einer Schüssel mischen und mit dem Pürierstab zu einer glatten Paste mixen. Die Masse mit Salz, Pfeffer und Kreuzkümmel abschmecken. 10 Minuten ruhen lassen, dann erneut durchmengen.

4 Aus der Falafelmasse mit den Händen kleine Bällchen formen (à ca. 40 g) oder mithilfe von zwei Esslöffeln kleine Nocken abstechen. Die Bällchen leicht flach drücken.

5 Das Öl in einem großen, weiten Topf auf 175–180 °C erhitzen und die Falafeln darin portionsweise in ca. 4 Minuten goldbraun frittieren.

BOQUERONES FRITOS

FÜR 4 PORTIONEN

FÜR DIE SARDELLEN:

ca. 1 l Pflanzenöl zum Frittieren

5 EL Mehl

5 EL Polenta

500 g ganze Sardellen (nach Belieben
Kopf und Innereien entfernen)

mittelgrobes Meersalz und frisch
gemahlener Pfeffer

1–2 Zitronen, geviertelt

FÜR DIE AIOLI:

100 g Kartoffeln, in Salzwasser gegart

3 Knoblauchzehen, geschält und fein gehackt

120 ml Pflanzenöl

50 ml Olivenöl

4 frische Eigelb

1 TL milder Senf

Salz und frisch gemahlener Pfeffer

ein paar Spritzer Zitronensaft

1 Für die Aioli die Kartoffeln pellen, durch eine Kartoffel-
presse drücken oder mit einer Gabel zerstampfen. Knoblauch
untermengen. Pflanzen- und Olivenöl mischen. Eigelbe mit Senf
verquirlen. Das Öl mit einem Schneebesen erst tröpfchenweise,
dann in einem dünnen Strahl unter das Eigelb rühren, bis eine
dickcremige Mayonnaise entsteht. Die Mayo unter die Kartoffeln
rühren und mit Salz, Pfeffer und etwas Zitronensaft abschmecken.

2 Für die Sardellen das Öl in einem großen, weiten Topf langsam
auf 175 °C erhitzen. Ein Backblech mit Küchenpapier auslegen.

3 Mehl und Polenta mischen. Die Sardellen gründlich darin
wenden (immer nur die Menge an Sardellen mehlieren, die
auch in den Topf passt, da bei längerem Liegen das Mehl feucht
wird und aufweicht) und überschüssige Mehl-Polenta-Mischung
abklopfen. Dann portionsweise in 4–5 Minuten goldbraun und
knusprig frittieren. Die frittierten Sardellen mit einer Schaumkelle
aus dem heißen Fett nehmen und auf dem Backblech abtropfen
lassen. Mit Salz und Pfeffer würzen und noch heiß mit Aioli und
Zitronenspalten servieren.

CORN FRITTERS

Die herzhaften Maisplätzchen stammen eigentlich aus den Südstaaten und sind dort ein beliebter Snack. Durch Koriander und Ricotta verleihen wir ihnen internationales Flair.

FÜR CA. 20 STÜCK

530 g frischer Mais, vom Kolben geschnitten (ca. 3 große Maiskolben)
1 kleine rote Zwiebel, geschält und fein gewürfelt
2 Eier
15 g frischer Koriander, gehackt
50 g Ricotta
170 g Mehl (Type 405)
5 g Backpulver
Salz und frisch gemahlener schwarzer Pfeffer

AUSSERDEM:
neutrales Pflanzenöl zum Frittieren

1 Den Ofen auf 120 °C vorheizen, ein Backblech mit Küchenpapier auslegen. Den Boden eines Topfes ca. 2 cm hoch mit Öl bedecken und dieses auf ca. 175 °C erhitzen.

2 Zwei Drittel vom Mais mit Zwiebel, Eiern, Koriander, Ricotta, Mehl, Backpulver und je 4 g Salz und Pfeffer mischen. Mit einem Mixstab oder im Standmixer zu einem groben Püree verarbeiten. Den restlichen Mais unterheben und alles mit Salz und Pfeffer abschmecken.

3 Aus je ca. 40 g Corn-Fritter-Teig Plätzchen formen und jeweils drei Stück auf einmal vorsichtig in das heiße Öl geben. Wenn die untere Seite gut Farbe genommen hat, behutsam umdrehen. Die fertigen Corn Fritters im Ofen zwischenlagern, bis der ganze Teig verarbeitet ist. Noch heiß mit Guacamole (Rezept auf Seite 30) servieren.

PHO BO

Frühstück in Vietnam: keine Brötchen, keine Wurst, kein Müsli, sondern eine große Schüssel Rinderbrühe mit Nudeln. Das ist es, was die Menschen hier für den Tag fit macht. Auf geht's!

FÜR 4 PORTIONEN

FÜR DEN SUPPENANSATZ:
500 g Rindermarkknochen
500 g Rindersandknochen
Salz
600 g Rindertafelspitz
200 g Ingwer, in 4 dicken Scheiben
6 Schalotten, mit Schale halbiert
½ Knoblauchknolle, mit Schale schräg halbiert
2 Bund Frühlingszwiebeln, zusammengebunden
2–3 EL Zucker
6–8 EL Fischsauce

FÜR DIE GEWÜRZMISCHUNG:
½ TL Kreuzkümmelsamen
1 TL Fenchelsamen
1 TL Koriandersamen
1 Cassia Bark (ca. 10 cm, alternativ Zimtstange)
2 Sternanis
10 Nelken
10 schwarze Pfefferkörner
4 schwarze Kardamomkapseln, geöffnet

FÜR DIE SUPPENEINLAGE:
400 g flache, breite getrocknete Reisnudeln (Pho Noodles)
12 Fleischbällchen (TK, Asialaden)
Rindertafelspitz (s. o.), in dünnen Scheiben
160 g rohes Roastbeef, in hauchdünnen Scheiben

1 Den Ofen auf 210 °C (Umluft) vorheizen. Mark- und Sandknochen in einen großen Topf geben und knapp mit kaltem Wasser bedecken. 1 TL Salz zugeben und das Wasser kräftig aufkochen lassen, dabei entstehenden Schaum abschöpfen. Das Wasser abgießen, die Knochen in einem Sieb auffangen und mit kaltem Wasser abschrecken.

2 Die Knochen auf ein Backblech geben und im Ofen in ca. 20 Minuten goldbraun rösten. Anschließend mit dem ausgetretenen Fett in einen Topf geben und mit 2 l kaltem Wasser auffüllen. 1 TL Salz zugeben und die Flüssigkeit langsam zum Köcheln bringen. Wieder abschäumen. Den Tafelspitz zugeben und alles mit geschlossenem Deckel sachte köcheln lassen.

3 Eine Pfanne erhitzen und alle Zutaten für die Gewürzmischung darin ca. 3 Minuten rösten. Beiseitestellen. Dann den Ingwer, die Schalotten und den Knoblauch in der Pfanne dunkel rösten. Alle vorbereiteten Zutaten mit den Frühlingszwiebeln zu den Knochen in den Topf geben. Für mindestens 6 Stunden köcheln lassen. Sobald der Tafelspitz gar ist (wenn er beim Aufspießen von einer Fleischgabel fällt), in eine Schüssel geben und mit 2 Stücken in Suppe getränktem Küchenpapier belegen (so trocknet er nicht so schnell aus).

4 Anschließend die Suppe durch ein feines Sieb in einen sauberen Topf passieren, mit Zucker, Fischsauce und Salz abschmecken und weiter leise köcheln lassen.

5 Für die Suppeneinlage die Nudeln nach Packungsanweisung garen. Die Fleischbällchen in die Suppe legen.

½ Bund frisches Thai-Basilikum

20 Blätter frische vietnamesische Minze

1 Bund dickblättriger frischer Koriander

2–6 kleine rote Chilischoten (Birds Eye)

1 Romanasalatherz

100 g Sojasprossen

4 Limettenviertel

AUSSERDEM:

Hoisin-Sauce (Rezept auf Seite 14), Chili Jam (Rezept auf Seite 118) und Fischsauce zum Dippen

6 Für die Garnitur die Kräuter waschen und trocken schleudern. Die Chilis putzen und in Ringe schneiden. Das Salatherz in Blätter zerteilen, waschen, trocken schleudern und grob schneiden. Alle Kräuter, Chilis, Salat, Sojasprossen und Limettenviertel sowie die verschiedenen Dips in kleinen Schüsseln auf den Tisch stellen, sodass sich jeder seine eigene Suppe individuell zusammenstellen kann.

7 Suppenschüsseln vorwärmen. Je 100 g gekochte Nudeln, 2 Scheiben Tafelspitz und 2 Scheiben rohes Roastbeef in die Schüsseln geben. Die köchelnde Suppe mit je ein paar Fleischbällchen darübergießen. Die Suppe nach Belieben garnieren.

MALAY CHICKEN CURRY LAKSA

Malaysias Nationalsuppe, eine wunderschöne Mischung der Kulturen:
viel Malaysia, ein bisschen Siam, ein bisschen China – und fertig ist sie.
Die Produktion der Paste, die man für diese Laksa braucht, ist etwas
aufwendiger. Wir empfehlen daher, ein bisschen mehr davon zu machen
und den Rest fürs nächste Mal einzufrieren.

FÜR 4 PORTIONEN

FÜR DIE PASTE:

10 g getrocknete, lange rote Chilis, geröstet
(5 Minuten in der Pfanne) und gehackt

1 TL feines Meersalz

50 g Zitronengras, geputzt (Außenhülle
aufbewahren) und fein geschnitten

50 g Galgant, geschält (Schale aufbewahren)
und fein geschnitten

50 g Ingwer, geschält (Schale aufbewahren)
und fein geschnitten

50 g frische Kurkumawurzel, geschält
(Schale aufbewahren) und fein geschnitten

200 g Schalotten, geschält und in feinen
Streifen

50 g Knoblauch, geschält und fein
geschnitten

50 g Kerzennüsse (Kemirinüsse), geröstet
(10–15 Minuten bei 160 °C Umluft)

50 g getrocknete Shrimps, geröstet
(10–15 Minuten bei 160 °C Umluft)

50 g trockene indonesische Garnelenpaste
(Trassie), geröstet (10–15 Minuten bei 160 °C
Umluft, in Alufolie gewickelt)

20 g Koriandersamen, geröstet (3–5 Minuten
bei 160 °C Umluft)

20 g Currypulver (z. B. Jaipur)

FÜR DEN SUPPENANSATZ 1:

10 g Salz

Schalen und Putzabschnitte von
Zitronengras, Galgant, Ingwer und Kurkuma

1 Für die Paste Chilis, Meersalz, Zitronengras, Galgant, Ingwer,
Kurkumawurzel, Schalotten und Knoblauch nacheinander im
Mörser fein mahlen. Je feiner die einzelnen Zutaten zuvor geschnitten wurden, umso leichter fällt das Mörsern. (Alternativ können die
Zutaten auch in einem Stabmixer püriert werden, hierbei empfiehlt
es sich, die Zutaten in umgekehrter Reihenfolge zu verarbeiten:
Unter Zugabe von etwas Wasser (ca. 50 ml) erst den Knoblauch
und die Schalotten pürieren, dann Kurkumawurzel, Ingwer, Galgant
und Zitronengras. Meersalz und die gerösteten Chilis sollten trotzdem in den Mörser, da tut der Pürierstab sich etwas schwer.)

2 Kerzennüsse, Shrimps, Garnelenpaste und Koriandersamen
jeweils einzeln fein mörsern und mit dem Currypulver mit
einem Löffel unter die fertige Paste ziehen.

3 Für den Suppenansatz 1 in einem großen Topf 2 Liter Wasser
mit Salz, Schalen und Putzabschnitten, Schalotten, Knoblauch
und Frühlingszwiebeln zum Kochen bringen. Das Huhn im Ganzen
hineingeben, einmal aufkochen lassen, entstehenden Schaum von
der Oberfläche abschöpfen und die Temperatur stark reduzieren
(auf ca. 80 °C). Das Huhn mit geschlossenem Deckel 2 Stunden
ziehen lassen.

4 Anschließend das Huhn in der Brühe erkalten lassen. Brustfleisch mit dem Messer abnehmen und in dünne Scheiben
schneiden, Keulenfleisch mit den Fingern abzupfen und alle Knochen, Sehnen und Hautstücke entfernen. Die Brühe durch ein feines
Tuch passieren (und z. B. in 500-ml-Einheiten einfrieren, für dieses
Rezept werden 600 ml der Brühe benötigt, diese beiseitestellen).
Gemüse und Putzabschnitte entsorgen.

5 Für den Suppenansatz 2 einen hohen Topf mit wenig Fläche
heiß werden lassen und das Öl zugeben, der Boden sollte

2 Schalotten
5 Knoblauchzehen
1 Bund Frühlingszwiebeln, geputzt
1 küchenfertiges Bio-Huhn

....

FÜR DEN SUPPENANSATZ 2:
ca. 100 ml neutrales Pflanzenöl
180 g Laksa-Paste (s. o., den Rest einfrieren)
Salz
15 Blätter Laksa Leaf oder Praew Leaf
(vietnamesischer Koriander)
Zucker
500 ml Kokosmilch
600 ml Hühnerbrühe (s. o., den Rest
einfrieren)
4–6 EL Fischsauce

....

FÜR DIE SUPPENEINLAGE:
4 EL Chili Jam (Rezept auf Seite 118)
200 g dicke runde Reisnudeln, nach
Packungsbeilage gegart
200 g dicke chinesische Eiernudeln, nach
Packungsbeilage gegart
2 weich gekochte Eier (ca. 6 Minuten),
abgeschreckt und gepellt
8 Tofu-Puffs (frittierter Tofu, Asialaden),
geviertelt
100 g Sojasprossen
200 g gezupftes Keulenfleisch vom
gekochten Huhn (s. o.)
200 g geschnittene Hühnerbrust (s. o.)
100 g Gurke, in feinen Streifen
1 Bund Laksa Leaf oder Praew Leaf
(vietnamesischer Koriander), gehackt

davon komplett bedeckt sein. Die Paste mit 5 g Salz zugeben und sofort umrühren. Die Temperatur etwas reduzieren und die Paste ca. 15 Minuten unter Rühren anschwitzen. Nach 4 Minuten den vietnamesischen Koriander zugeben, nach 8 Minuten 2 TL Zucker. Nach 12 Minuten die Kokosmilch zufügen und bei starker Hitze unter ständigem Rühren in 3 Minuten reduzieren lassen. Mit Hühnerbrühe auffüllen, die Fischsauce zugeben und alles aufkochen lassen. Die Suppe mit Salz und Zucker abschmecken.

6 4 Suppenschüsseln vorwärmen. Für die Einlage gesalzenes Wasser in einem Topf zum Kochen bringen. In jede Schüssel 1 EL Chili Jam geben und mit einem Löffel am Rand hochziehen. Nudeln auf die Schüsseln verteilen und mit Suppe auffüllen. Dann jeweils eine Eierhälfte daraufsetzen. Ein Nudelsieb mit je 1 Portion Tofu, Sprossen und Hühnerfleisch bestücken und für 30 Sekunden in das kochende Wasser halten. Gut abtropfen und mittig auf der Suppe platzieren. Den Vorgang wiederholen, bis alle Schüsseln bestückt sind. Die Laksa mit Gurke und Laksa Leaf garnieren.

GULASCHSUPPE

Wer sie nur von Autobahnrasthöfen kennt, sollte unbedingt dieses Rezept ausprobieren. Denn selbst gemacht und gut gewürzt ist diese pikante Suppe aus Rindfleisch, Paprika und Zwiebeln ein Gedicht!

FÜR 4–6 PORTIONEN

....

100 g Butterschmalz

300 g Zwiebeln, geschält und fein gewürfelt

10 g Paprikapulver (rosenscharf)

400 g Rinderschulter, klein gewürfelt

1,5 EL Tomatenmark

Salz

100 ml Rotwein

1 Knoblauchzehe, geschält

3 g Kümmelsamen

6 Zweige frischer Majoran, Blättchen fein geschnitten

200 g grüne Paprika, geputzt und fein gewürfelt

200 g Tomaten, geputzt und fein gewürfelt

300 g Kartoffeln, geschält und fein gewürfelt

frisch gemahlener schwarzer Pfeffer

Abrieb von 1 Bio-Zitrone

....

AUSSERDEM:

120 g Schmand

1 großes Bund Schnittlauch, in feinen Röllchen

1 Butterschmalz in einem großen Topf erhitzen. Die Zwiebelwürfel darin goldgelb anschwitzen. Das Paprikapulver zugeben und kurz mitschwitzen.

2 Rindfleisch und Tomatenmark zugeben, mit Salz würzen und kurz unter Rühren anbraten. Den Topf mit einem Deckel verschließen und das Fleisch ca. 4 Minuten etwas Fond ziehen lassen. Den Deckel abnehmen und den Rotwein angießen. Ca. 300 ml Wasser zufügen und das Fleisch bei niedriger Temperatur 1–1,5 Stunden schmoren.

3 In der Zwischenzeit Knoblauch, Kümmel und Majoranblättchen im Mörser zu einer Paste verreiben oder sehr fein hacken. Die Gewürzpaste und das gewürfelte Gemüse in den Topf geben, mit ca. 400 ml Wasser auffüllen und köcheln lassen, bis das Gemüse gar ist.

4 Die Gulaschsuppe mit Salz, Pfeffer und Zitronenabrieb abschmecken. Auf kleine Schälchen oder tiefe Teller verteilen und mit je 1 Klecks Schmand und etwas Schnittlauch servieren.

CORN CHOWDER MIT BACON UND GARNELEN

Aus den Garnelenschalen lässt sich superschnell ein Fond ansetzen, der diesen Eintopf noch aromatischer macht. Dazu die Schalen ca. 4 Minuten in Butterschmalz anrösten, mit einem Schuss Bourbon ablöschen und vorsichtig flambieren. Etwas fein geschnittenes Gemüse (z. B. Möhren und Sellerie) und 3–4 Zweige Thymian zufügen und kurz mitschwitzen. 300 ml Wasser angießen, alles 15–20 Minuten köcheln lassen und passieren.

FÜR 4–6 PORTIONEN

1 gehäufter EL Butterschmalz
250 g geräucherter Bacon (ca. 5 Scheiben à 5 mm), grob gewürfelt
450 g große Garnelen (8/12er), geschält, geputzt und grob geschnitten
1 süße Zwiebel, geschält und fein gewürfelt
4 Knoblauchzehen, geschält und fein gewürfelt
4 mehligkochende Kartoffeln, geschält und fein gewürfelt
2 EL Butter
2 Dosen Mais (insg. 700 g), abgewaschen und gut abgetropft, plus 5 EL extra
1 TL geräuchertes Paprikapulver
0,5–1 TL Chiliflocken
1 Lorbeerblatt
700 ml Hühner- oder Gemüsebrühe
80–100 ml Sahne
Meersalz und frisch gemahlener schwarzer Pfeffer
3–4 EL glatte Petersilie, fein geschnitten

1 Einen großen, schweren, am besten gusseisernen Topf erhitzen, Butterschmalz zugeben und den Bacon darin in 4–5 Minuten goldbraun anrösten. Mit einer Lochkelle aus dem Topf nehmen (das Fett darin belassen) und auf einem Teller mit Küchenpapier abtropfen lassen.

2 Die Garnelen in den Topf geben und 2–3 Minuten anbraten, mit der Lochkelle herausnehmen und zum Bacon geben. Den Teller abdecken und beiseitestellen.

3 Zwiebel, Knoblauch und Kartoffeln in den Topf geben und in ca. 3 Minuten glasig anschwitzen. Butter zugeben und zerlassen, Mais zufügen und 5–6 Minuten anschwitzen. Paprikapulver, Chiliflocken und Lorbeerblatt zufügen, kurz mitschwitzen. Mit Hühnerbrühe und 300 ml Wasser (oder Fond, s. o.) ablöschen und die Suppe 15 Minuten köcheln lassen.

4 In der Zwischenzeit die Sahne cremig aufschlagen und mit etwas Meersalz und Pfeffer würzen.

5 Das Lorbeerblatt entfernen und die Suppe grob pürieren. Den übrigen Mais, Bacon und Garnelen zugeben und kurz in der Suppe erwärmen. Die Sahne unterheben und die Suppe mit der fein geschnittenen Petersilie bestreut servieren.

HAND-PIE-FÜLLUNG

Sollte von dieser klassischen Guinness-Pie-Füllung was übrig bleiben, könnt ihr sie auch als Ragout mit etwas Kartoffelpüree servieren.

FÜR CA. 9 PORTIONEN

....

800 g Rinderbrust, in 1 cm großen Würfeln

Salz und frisch gemahlener Pfeffer

80 g Mehl

je 60 g Schweineschmalz und Butter

20 g Speckwürfel

je 90 g Zwiebel- und Staudenselleriewürfel

50 g Möhrenwürfel

100 g Kartoffelwürfel

2 Knoblauchzehen, geschält und in Scheiben

20 g Tomatenmark

20 ml dunkler Malzessig

150 ml Rinderbrühe

200 ml Guinness

20 g Muscovado-Zucker

10 g Senf

10 Trockenpflaumen, geviertelt, ohne Kern

2 Lorbeerblätter

2 Zweige Thymian

....

AUSSERDEM:

Hand-Pie-Teig (Rezept auf Seite 47)

Mehl für die Arbeitsfläche

1 Ei, mit 1 EL Wasser, je 1 Prise Salz und Zucker verrührt

1 Das Rindfleisch mit 5 g Salz und reichlich Pfeffer würzen. Anschließend mit Mehl bestäuben, überschüssiges Mehl abschütteln. Einen großen Bräter erhitzen. Schmalz und Butter zugeben und das Fleisch kräftig anbraten. Aus dem Bräter nehmen und in einer Schüssel zwischenlagern.

2 Speck in den Bräter geben und unter Rühren anschwitzen. Gemüse und Knoblauch zufügen und goldgelb anbraten. Dabei ständig rühren und den Bratensatz lösen. Das Tomatenmark zufügen und 3 Minuten mitschwitzen, dann das Fleisch samt Saft wieder zugeben. Kräftig rühren und erneut den Bratensatz lösen. Malzessig zufügen und einkochen lassen, anschließend mit Rinderbrühe und Guinness auffüllen. Zucker, Senf und Pflaumen zugeben, alles einmal aufkochen und den Schaum abnehmen. Lorbeer und Thymian zufügen, die Temperatur reduzieren und das Fleisch mit geschlossenem Deckel ca. 2 Stunden leise köcheln lassen.

3 Das Ragout mit Salz und Pfeffer abschmecken und mit offenem Deckel etwas einkochen. Dann in eine Schüssel füllen, mit Backpapier bedecken (so bildet sich keine Haut) und im Kühlschrank auskühlen lassen.

4 Den Teig in 80 g schwere Stücke teilen, auf der bemehlten Arbeitsfläche zu ca. 4 mm dicken Ovalen ausrollen. Die Teiginnenränder mit Eimischung bestreichen. Etwas Ragout in die Mitte setzen, dabei 1 cm Platz zum Rand lassen. Den Teig über dem Ragout zusammenschlagen und die Ränder mithilfe einer Gabel zusammendrücken.

5 Den Ofen auf 190 °C (Umluft) vorheizen. Ein Blech mit Backpapier auslegen und die Pies mit ca. 5 cm Abstand darauflegen. Die Oberseiten mit der restlichen Eimischung bestreichen und die Pies ca. 20 Minuten backen.

PIADINA ROMAGNA

Die dünnen italienischen Fladen stammen ursprünglich aus Romagna in der Nähe von Bologna und können auch ungefüllt als Beilage serviert werden – einfach nach dem Backen auf einem Gitterrost abkühlen lassen. Wer sie wie wir lieber gefüllt genießt, kann seiner Kreativität freien Lauf lassen. Wie wäre es zum Beispiel mit Bresaola, Rucola, gerösteten Pinienkerne, Ricotta, Salami oder Büffelmozzarella?

FÜR 8 PIADINE

FÜR DEN TEIG:

500 g Mehl (Type 405), plus etwas extra
100 g Schmalz
5 g Backpulver
10 g Salz

FÜR DIE FÜLLUNG:

4–5 EL Olivenöl
2 kleine Zwiebeln, geschält und fein gewürfelt
2 Knoblauchzehen, geschält und fein gewürfelt
1,3 kg frischer Spinat, gewaschen und ohne Stiele
Salz und frisch gemahlener schwarzer Pfeffer
5 Tomaten, geputzt und in dünnen Scheiben
180 g Parmesan, gehobelt

1 Das Mehl auf die Arbeitsfläche geben, in die Mitte eine große Mulde drücken. Schmalz, Backpulver und Salz hineingeben, dann nach und nach 300–350 ml Wasser zufügen und alles langsam mit den Händen in ca. 10 Minuten zu einem geschmeidigen Teig verkneten.

2 Den Teig in eine große Schüssel geben, mit Frischhaltefolie abdecken und 30 Minuten ruhen lassen. Anschließend in 8 gleich große Stücke teilen (à ca. 120 g) und zu kleinen Kugeln formen. Die Kugeln in eine Auflaufform legen, mit etwas Mehl bestäuben und weitere 30 Minuten gut abgedeckt ruhen lassen.

3 Olivenöl in einem großen Topf erhitzen, Zwiebeln und Knoblauch darin andünsten. Spinatblätter in zwei oder drei Schritten zugeben, mit Salz und Pfeffer würzen, kurz durchrühren und den Topf mit einem Deckel verschließen. Den Spinat kurz zusammenfallen lassen, dann in einem Sieb abtropfen und leicht ausdrücken.

4 Eine große Pfanne (Ø ca. 30 cm) auf den Herd stellen und vorheizen. Die Teigkugeln nacheinander zu 28–30 cm großen dünnen Fladen ausrollen. Die Fladen nacheinander, ohne Zugabe von Fett, von jeder Seite ca. 2 Minuten backen. Dann eine Hälfte der Fladen noch in der Pfanne mit Spinat, Tomaten und Parmesan belegen. Die andere Hälfte darüberklappen und die Piadine unter ein- bis zweimaligem Wenden für 1 weitere Minute backen.

PIZZA AL TAGLIO

FÜR 1 BLECH

FÜR DEN TEIG:

2 TL Honig

42 g Frischhefe

325 g Pizzamehl (Type 00)

325 g Mehl (Type 405)

4 TL Salz

20 ml Olivenöl, plus etwas extra

FÜR DEN BELAG:

400 g reife Kirschtomaten, geputzt und
halbiert

400 g Mini-Mozzarella, trocken getupft
und halbiert

20 Scheiben Salami

100 g Parmesan, gerieben

frisch gemahlener schwarzer Pfeffer

1 Bund Basilikum, Blättchen grob gehackt

1 100 ml lauwarmes Wasser mit Honig und zerbröselter Hefe
mischen und 15 Minuten abgedeckt gehen lassen. Beide
Mehlsorten in eine Schüssel sieben. 400 ml Wasser und die Hefemischung zugeben und 10 Minuten auf niedriger Stufe kneten. Dann
Salz und Olivenöl zufügen und den Teig bei hoher Geschwindigkeit
weitere 10 Minuten kneten.

2 Den Teig zu einer Kugel formen, zurück in die Schüssel geben
und in eine große, saubere Plastiktüte stecken, diese gut
verschließen. Den Teig 45–60 Minuten an einem warmen Ort gehen
lassen, bis er sein Volumen verdoppelt hat. Anschließend nochmals
für 2 Minuten bei niedriger Geschwindigkeit durchkneten. Ein Backblech ölen und den Pizzateig darauf verteilen. Das ganze Blech in
die Tüte packen und den Teig erneut 30–60 Minuten gehen lassen.

3 Den Ofen auf 240 °C (Ober-/Unterhitze) vorheizen. Die Kirschtomaten in den Teig drücken und dazwischen den Mozzarella
platzieren. Die Pizza mit Salami belegen, mit Parmesan bestreuen
und auf unterster Schiene ca. 9 Minuten backen. Nach 4 Minuten
das Blech um 180 Grad drehen. Dann die Pizza auf die oberste
Schiene stellen und in weiteren ca. 6 Minuten knusprig backen,
bis der Käse leicht gebräunt ist. Die Pizza aus dem Ofen
nehmen, pfeffern und mit Basilikum bestreuen.

BACKFISCH-BRÖTCHEN

Je nach Größe der Fritteuse oder des Topfes sollte das Ausbacken der Fischfilets portionsweise in 2–3 Schritten erfolgen. Denn wenn die Fritteuse zu
voll ist, sinkt die Temperatur des Öls und man erhält kein schönes Ergebnis.
Richtig ausgebacken ist unser Backfisch dagegen wahnsinnig lecker. Besonders gut schmecken hierzu unsere Rote-Bete-Pickles (Rezept auf Seite 36)
oder Süßkartoffel-Pommes (Rezept auf Seite 125).

FÜR 4 BRÖTCHEN

....

4 Stücke Seelachsfilet (à ca. 140 g)

Salz und frisch gemahlener Pfeffer

....

FÜR DEN TEIG:

170 Mehl (Type 405)

5 g Salz

375 ml helles Bier (Pils)

....

AUSSERDEM:

2 l neutrales Pflanzenöl zum Frittieren

Mehl zum Wenden

4 Weizenbrötchen (Rezept auf Seite 53)

6–8 EL Tatarensauce (Rezept auf Seite 27)

1 Den Fisch von etwaigen Gräten befreien. Die Filets längs
in 2 gleich große Stücke schneiden und mit Küchenpapier
trocken tupfen. Mit Salz und Pfeffer würzen.

2 Das Öl in eine Fritteuse oder einen hohen, weiten Topf geben
und auf 180 °C erhitzen.

3 Für den Teig Mehl und Salz in eine Schüssel sieben. In der Mitte
eine Mulde formen und das Bier hineingießen. Von der Mitte
ausgehend erst in kleinen, dann in größer werdenden Kreisen das
Mehl in die Flüssigkeit rühren, bis ein glatter Teig entstanden ist.

4 Die Fischfilets von allen Seiten gut in Mehl wenden, bis sie
komplett davon bedeckt sind. Überschüssiges Mehl abklopfen.
Ein Filet nach dem anderen mit einer Gabel sorgfältig durch den
Teig ziehen. Überschüssigen Teig am Schüsselrand abstreifen und
die Filets portionsweise vorsichtig in das heiße Fett geben. Den
Fisch nach ca. 2 Minuten mithilfe von zwei Gabeln wenden und
auch auf der anderen Seite knusprig backen. Anschließend auf
Küchenpapier abtropfen lassen.

5 Die Brötchen aufschneiden, mit Backfisch und Tatarensauce
füllen und sofort genießen.

HOTDOG

Seine Wurzeln hat der Hotdog in Frankfurt am Main, wo ein Metzger Mitte des 19. Jahrhunderts das Frankfurter Würstchen erfand. Einige Jahre später wurden Hotdogs dann auch in den USA bekannt. Neben dem typischen Würstchen, Senf und sauren Gurken füllen wir unsere Brötchen noch mit Sauerkraut.

FÜR 6 HOT DOGS

250 g mildes Sauerkraut vom Fass
2 Schalotten
1 rote Spitzpaprika
2–3 EL Schweineschmalz
1 TL süßes Paprikapulver
½ TL scharfes Paprikapulver
Chiliflocken nach Belieben
Salz und frisch gemahlener Pfeffer

AUSSERDEM:

6 kleine Frankfurter oder Wienerle (vom Metzger)
6 Hotdog Buns (Rezept auf Seite 50)
Gurken-Pickles (Rezept auf Seite 38)
mittelscharfer Senf

1 Das Sauerkraut in ein Sieb geben, kurz unter kaltem Wasser abwaschen und anschließend gut ausdrücken. Die Schalotten schälen, halbieren und in feine Streifen schneiden. Spitzpaprika putzen, längs vierteln, entkernen und ebenfalls in feine Streifen schneiden.

2 Schweineschmalz in einem Topf zerlassen, Schalotten und Paprika zugeben und glasig anschwitzen. Das Sauerkraut zufügen und 5 Minuten mitschwitzen. Mit süßem und scharfem Paprikapulver sowie Chiliflocken würzen und mit 120 ml Wasser ablöschen. Bei mittlerer Temperatur unter gelegentlichem Rühren einkochen, bis das Kraut einen schönen Glanz hat und das Wasser fast verkocht ist. Mit etwas Salz und Pfeffer würzen.

3 Wasser in einem Topf aufkochen, die Temperatur reduzieren, die Würstchen zugeben und darin ziehen lassen.

4 Die Brötchen in einer trockenen Pfanne kurz von beiden Seiten anrösten, mit einem Sägemesser längs einschneiden, mit Kraut, Würstchen und Gurken-Pickles füllen und mit Senf nach Belieben verfeinern.

BRATHERING

Vor dem Verzehr müssen die fertigen Bratheringe abgedeckt im Kühlschrank
2–3 Tage im Gemüse-Essig-Sud ziehen – erst dann entwickeln sie ihr volles
Aroma. Die Filets dann von den Gräten schieben und mit frischen, am besten
selbst gebackenen Brötchen (Rezept auf Seite 53) servieren.

FÜR 4–6 PORTIONEN

800–1000 g küchenfertige grüne Heringe

800–1000 ml Milch

Saft von 1–2 Zitronen

Salz

300 ml Apfelessig

1 Möhre, geschält und in dünnen Scheiben

1 kleine Stange Lauch, geputzt und in feinen
Ringen

2 kleine rote Zwiebeln, geschält und in
dünnen Scheiben

100–120 g Zucker

2 Lorbeerblätter

2 EL helle Senfsamen

1 TL Wacholderbeeren

1 EL weiße Pfefferkörner

AUSSERDEM:

3–4 EL Mehl zum Wenden

2 EL Butterschmalz

Salz und frisch gemahlener schwarzer Pfeffer

1 Die Heringe sorgfältig von innen und außen unter kaltem
Wasser abwaschen, mit Küchenpapier trocken tupfen. In
einer Schale in Milch einlegen und über Nacht abgedeckt in den
Kühlschrank stellen.

2 Die Heringe am nächsten Tag trocken tupfen. Mit Zitronensaft
und etwas Salz marinieren und zugedeckt für 1 Stunde kalt
stellen.

3 In der Zwischenzeit 800 ml Wasser mit Essig, Möhre, Lauch
und Zwiebeln in einem großen Topf aufkochen. Zucker, ½ TL
Salz und die übrigen Gewürze zugeben und alles für ca. 10 Minuten
leicht köcheln lassen. Anschließend den Sud beiseitestellen und
etwas abkühlen lassen.

4 Die Heringe kurz abtropfen, von beiden Seiten in Mehl wenden
und leicht abklopfen, sodass überschüssiges Mehl abfällt.
Eine Pfanne erhitzen, Butterschmalz zugeben und die Heringe
hineingeben. Mit Salz und Pfeffer würzen und in 5–6 Minuten von
jeder Seite langsam goldgelb anbraten.

5 Die Bratheringe aus der Pfanne nehmen und auf Küchenpapier
abtropfen lassen. In eine Auflaufform legen und den abgekühlten Sud darübergießen. 2–3 Tage im Kühlschrank ziehen lassen.

LACHS VOM ZEDERNHOLZ

Das Zedernholz verleiht dem Lachs beim Grillen ein einmaliges Raucharoma. Die Honigmarinade und der karamellisierte Zucker sorgen für eine leichte Süße, der Zitronensaft für eine angenehme Säure. Besser kann Fisch vom Grill nicht schmecken!

FÜR 4 PORTIONEN

1 Zedernholzbrett
2 EL Honig
2 EL Weißweinessig
8 EL salzreduzierte Sojasauce
1 EL Olivenöl
1 Lachsfilet (ca. 1 kg), entgrätet
3 EL Rohrzucker
Saft von ½ Zitrone
Salz und frisch gemahlener schwarzer Pfeffer

1 Das Zedernholzbrett mit einem Gewicht beschwert über Nacht in kaltem Wasser einweichen.

2 Am nächsten Tag Honig, Weißweinessig, Sojasauce und Olivenöl zu einer Marinade verrühren. Den Lachs mehrfach mit der Marinade einpinseln 20 Minuten ziehen lassen.

3 Den Holzkohlegrill anheizen. Das Zedernholzbrett aus dem Wasser nehmen und für ca. 5 Minuten bei geschlossenem Deckel auf den Grillrost legen.

4 Das Brett umdrehen und das Lachsfilet mit der Hautseite nach unten auf das Brett legen. Den Lachs gleichmäßig mit Rohrzucker bestreuen und bei geschlossenem Deckel 15–20 Minuten grillen.

5 Den fertig gegrillten Lachs mit Zitronensaft beträufeln und mit Salz und Pfeffer würzen.

LACHS-FRISCHKÄSE-SANDWICH

FÜR 4 SANDWICHES

....

300 g Doppelrahm-Frischkäse

2 Prisen Salz

20 g Kapern

Pflanzenöl zum Frittieren

1 Salatgurke, geputzt und ohne Enden

1 kleines Romana-Salatherz, in einzelne
Blätter zerteilt

1 kleines Bund Dill

8 Scheiben Toastbrot (am besten
vom Bäcker)

280 g graved Lachs, in Scheiben

1 Den Frischkäse cremig und luftig aufschlagen, mit Salz würzen.

2 Die Kapern auf Küchenpapier abtropfen, anschließend grob hacken. (Nach Belieben in etwas heißem Öl in einer Pfanne in 4–5 Minuten knusprig frittieren, anschließend entfetten.)

3 Die Gurke senkrecht halbieren und beide Hälften längs in dünne Scheiben schneiden. Salatblätter und Dill waschen und trocken schleudern. Dill grob auseinanderzupfen.

4 Die Toastscheiben mit Frischkäse bestreichen und mit Kapern, Dill, Gurkenscheiben, Lachs und Salat belegen. Je 2 Toastscheiben zusammenklappen, leicht andrücken und diagonal halbieren.

GUA-BAO-FÜLLUNG

Diese gedämpften und mit Schweinefleisch gefüllten Teigtaschen sind asiatisches Soul Food par excellence. Mit den vielen unterschiedlichen Aromen und Gewürzen sorgen sie für ein unglaubliches Geschmackserlebnis, das man nicht so schnell vergisst.

FÜR 6–8 PORTIONEN

500 g Schweinebauch mit Schwarte

30 ml Pflanzenöl

Salz

4 Scheiben Ingwer (à 0,5 cm)

2 Knoblauchzehen, leicht angedrückt

1 Sternanis

1 kleine Zimtstange

1 kleine rote Chilischote (Birds Eye)

20 g Muscovado-Zucker

60 ml chinesischer Kochwein (Shaoxing, alternativ trockener Sherry)

60 ml dunkle Sojasauce

60 ml helle Sojasauce

5 g chinesisches Fünf-Gewürze-Pulver

AUSSERDEM:

12–16 Teigtaschen (Rezept auf Seite 46)

Hoisin-Sauce (Rezept auf Seite 14)

Zwiebel-Pickles (Rezept auf S. 43)

Gurken-Pickles (Rezept auf Seite 38)

geröstete Erdnüsse, fein gehackt

Muscovado-Zucker

frischer Koriander

1 Den Schweinebauch in 6 cm dicke Scheiben schneiden und diese zu 1,5 cm dicken Streifen verarbeiten.

2 Eine Pfanne heiß werden lassen, Öl zugeben und das Fleisch leicht salzen. Die Streifen von allen Seiten braun anbraten. Das Fleisch herausnehmen und in einer Schüssel zwischenlagern.

3 Ingwer, Knoblauch, Sternanis, Zimt und Chili in die Pfanne geben und unter Rühren 3–4 Minuten anschwitzen. Knoblauch nicht zu dunkel werden lassen. Zucker zufügen und kurz karamellisieren lassen, mit Shaoxing ablöschen und diesen auf ein Drittel einkochen lassen. Beide Sojasaucen und das Fünf-Gewürze-Pulver zugeben und alles mit 800 ml Wasser auffüllen. Die Mischung zum Kochen bringen, die Temperatur reduzieren und das Fleisch wieder zugeben. Mit angelegtem Deckel für ca. 2 Stunden leise köcheln lassen. Das Fleisch bis zur Verwendung in dem verbleibenden Fond lagern.

4 Die vorbereiteten Teigtaschen dämpfen (s. S. 46). Die unteren Seiten großzügig mit Hoisin-Sauce bestreichen, dann je 3–4 Streifen Schweinebauch und ein paar Zwiebel- und Gurken-Pickles in jede Teigtasche füllen. Erdnüsse und Zucker darüberstreuen und die Taschen mit Koriander garnieren. Am besten lauwarm genießen.

CHILI CHEESE STEAK SANDWICH

FÜR 2 SANDWICHES

4 dünne Entrecôte-Steaks (Dry-Aged, à 90–100 g)

2 längliche Weizenbaguettes (Hoagis, alternativ Panini), ca. 20 cm

2 EL weiche Butter, plus Butter zum Bestreichen

2 kleine rote Zwiebeln, geschält und in Ringen

Salz und frisch gemahlener Pfeffer

½ grüne Paprika, entkernt und in feinen Streifen

1 EL weiches Butterschmalz

Jalapeño-Pickles (Rezept auf Seite 40) nach Belieben

6 dünne Scheiben Provolone

1 Die Steaks Zimmertemperatur annehmen lassen, mit Küchenpapier trocken tupfen und ganz leicht plattieren. Die Baguettes längs halbieren und die Innenseiten mit Butter bestreichen.

2 Die Zwiebeln 4–5 Minuten bei mittlerer Hitze in 1 EL Butter anschwitzen, mit Salz und Pfeffer würzen und beiseitestellen. Die Paprikastreifen kurz in der restlichen Butter anschwitzen. Mit Salz und Pfeffer würzen und ebenfalls beiseitestellen.

3 Eine Grillpfanne vorheizen. Die Baguettes mit den Innenseiten nach unten hineinlegen und dabei leicht andrücken, kurz anrösten und anschließend auf der Arbeitsfläche auslegen.

4 Die Pfanne erneut heiß werden lassen. Den Grill des Backofens auf höchster Stufe vorheizen. Die Steaks dünn mit Butterschmalz einreiben, mit Salz und Pfeffer würzen und in der Pfanne scharf angrillen – je nach gewünschtem Garpunkt zwischen 50 und 120 Sekunden pro Seite. Anschließend in Streifen schneiden.

5 Die Baguette-Unterseiten mit Steakstreifen, Zwiebeln, Paprika und Jalapeño-Pickles belegen. Die Provolone-Scheiben darauflegen und kurz unter dem Backofengrill gratinieren. Die Baguette-Oberseiten auflegen und die Sandwiches sofort genießen.

SCHWEINEBRATEN IM BRÖTCHEN

Diese Burger machen süchtig. Wenn ihr mal etwas Abwechslung möchtet, dann toppt den Schweinebraten mit Röst- oder Schmorzwiebeln. Das schmeckt genauso lecker wie unsere Zwiebel-Pickles-Variante.

FÜR 6–8 PORTIONEN

....

1,5–2 kg Nackenbraten vom Schwein, ohne Knochen
Salz und frisch gemahlener schwarzer Pfeffer
1–2 EL Butterschmalz
1 Zwiebel, geschält und gewürfelt
2 Möhren, geschält und gewürfelt
1 Stange Lauch, geschält und in Scheiben
1 Knoblauchzehe, geschält und halbiert
1 EL Tomatenmark
150 ml Rotwein
1–1,5 l Fleischbrühe (je nach Größe des Bräters)
1 TL Speisestärke

....

AUSSERDEM:
6–8 Brötchen (Rezept auf Seite 53)
Zwiebel-Pickles zum Servieren (Rezept auf Seite 43)

1 Den Backofen auf 150 °C (Umluft) vorheizen. Den Braten rundum mit Salz und Pfeffer würzen. Butterschmalz in einem Bräter erhitzen und das Fleisch von allen Seiten braun anbraten. Aus dem Bräter nehmen und beiseitestellen.

2 Zwiebel, Möhren, Lauch und Knoblauch in den Bräter geben und kräftig anrösten. Tomatenmark einrühren und kurz mitbraten. Mit Rotwein ablöschen, dann die Brühe angießen und einmal aufkochen lassen.

3 Das Fleisch zurück in den Bräter geben und für ca. 1,5 Stunden in den vorgeheizten Ofen schieben.

4 Die Speisestärke mit etwas kaltem Wasser verrühren. Das Fleisch aus dem Bräter nehmen, in Alufolie einschlagen und bis zur Weiterverarbeitung ruhen lassen. Den Bratenfond durch ein feines Sieb passieren. Angerührte Speisestärke in den Fond rühren, die Sauce aufkochen und köcheln lassen, bis eine leichte Bindung entsteht. Mit Salz und Pfeffer abschmecken.

5 Die Brötchen aufschneiden. Braten in Scheiben schneiden, kurz in die Sauce tauchen und in die Brötchen legen. Mit Zwiebel-Pickles servieren.

ADANA KEBAP – SPIESSE VOM GRILL

Diese pikanten Spieße sind eine türkische Spezialität aus der Stadt Adana. Wenn ihr keinen reinen Lamm-Spieß essen möchtet, könnt ihr auch Rind- oder Kalbfleisch einarbeiten (z. B. 60 % Lamm und 40 % Rind – wichtig ist, dass das verwendete Fleisch mindestens 20 % Fettanteil hat). Am besten kauft ihr die Zuschnitte beim türkischen Metzger ein, der sie euch bestimmt auch durch den Fleischwolf lässt, falls ihr keinen eigenen zu Hause habt.

FÜR 4–6 PORTIONEN

2 rote Spitzpaprika
1,3 kg frisches Hackfleisch vom Lamm
(aus möglichst verschiedenen Zuschnitten
mit einem Fettanteil von 20 %)
2 TL Salz
2–3 EL Aci Pul Biber

AUSSERDEM:
lange, flache Grillspieße
gegrillte Peperoni oder Paprika, Tomaten-
Petersilien-Salat und Fladenbrot zum
Servieren

1 Die Spitzpaprika putzen, längs halbieren, vom Strunk befreien und entkernen. Die Paprika grob zerkleinern, in eine Küchenmaschine geben und zu einem feinen Püree mixen.

2 Hackfleisch und Paprikapüree in eine Schüssel geben, gut durchkneten, mit Salz und Pul Biber würzen, erneut durchkneten und kurz ruhen lassen.

3 Die Hackmasse mit leicht angefeuchteten Händen um die Spieße formen (pro Spieß nach Belieben zwischen 100 und 180 g).

4 Den Holzkohlegrill vorheizen und die Spieße möglichst nah über der Kohle 2–4 Minuten pro Seite grillen (falls möglich, dabei den Grillrost abnehmen und die Spieße direkt auf dem Korpus des Grills ablegen).

5 Die gegrillten Lammspieße auf Teller verteilen und mit Peperoni oder Paprika, Tomaten-Petersilien-Salat und Fladenbrot servieren.

SARDINHAS ASSADAS

Ein Fisch, der keinen Grill gesehen hat, ist kein glücklicher Fisch. So lautet ein portugiesisches Sprichwort. Sardinen werden überall am Mittelmeer in allen Größen und Zubereitungsarten serviert. Dabei gibt es drei essenzielle Dinge für diesen formidablen Snack: frischen Fisch, Salz und Feuer. Alles andere ist nur Beiwerk.

FÜR 8 PORTIONEN

8 Schaschlikspieße (ca. 20 cm), 1 Stunde in Wasser eingeweicht
8 Sardinen mit Schuppen, nicht ausgenommen (à 200 g, ca. 15 cm)
grobes Meersalz

AUSSERDEM:
2 reife Tomaten, geputzt und in Scheiben
3 Kartoffeln, in Salzwasser gegart und in Scheiben
1 Zwiebel, geschält und in Ringen
Olivenöl zum Beträufeln
1 Zitrone, in 8 Spalten
200 ml kaltes Wasser
Saft von ¼ Zitrone
geröstetes Brot, in Scheiben

1 Den Holzkohlegrill anfeuern, dabei die Kohlen schön durchglühen lassen und zwei Zonen – eine für direkte, eine für indirekte Hitze – einrichten.

2 Je 1 eingeweichten Schaschlikspieß vorn durch das Maul des Fisches und dann mittig nach hinten schieben, bis er am Schwanzende wieder herauskommt. (Die Spieße erleichtern das Wenden.)

3 Die Sardinen großzügig mit Meersalz würzen und beiseitestellen.

4 8 Teller mit je 2 Tomatenscheiben, 3 Kartoffelscheiben und 2 Zwiebelringen anrichten und das Gemüse mit etwas Olivenöl beträufeln. Je 1 Zitronenspalte anlegen.

5 Wasser mit Zitronensaft in einer Schüssel vermischen. Diese Fingerbowle dient später dem Säubern der Hände.

6 Die Sardinen auf die heiße Seite des Grills legen und auf der Unterseite schön dunkel grillen, dann nach ca. 3 Minuten umdrehen und die zweite Seite ebenfalls ordentlich Farbe nehmen lassen. Anschließend die Sardinen auf dem Teil des Rosts mit der indirekten Hitze in ca. 1 Minute pro Seite gar ziehen lassen.

7 Die Sardinen auf die Teller verteilen, die Haut mit den Fingern herunterpellen und das Fleisch von den Gräten pflücken. Dazu geröstetes Brot und die Fingerbowle reichen.

SATAY-SPIESSE

FÜR 20 SPIESSE

20 Holzspieße (à 20 cm)
1 kg ausgelöste Bio-Hühnerschenkel
etwas neutrales Pflanzenöl

FÜR DIE MARINADE:

80 g Zitronengras, geputzt und fein gehackt
60 g Schalotten, geschält und fein
geschnitten
3 Knoblauchzehen, geschält und fein gehackt
1 kleine rote Chilischote (Birds Eye), geputzt
und gehackt (nach Belieben mit Kernen)
30 g Galgant, geschält und fein gehackt
10 g frische Kurkuma, geschält und fein
gehackt
20 g Koriandersamen, geröstet und
gemahlen
10 g Kreuzkümmelsamen, geröstet und
gemahlen
30 ml dunkle Thai-Sojasauce
30 ml Thai-Fischsauce
50 g Muscovado-Zucker
5 g Salz
20 ml neutrales Pflanzenöl

1 Die Holzspieße in kaltem Wasser einweichen, dann verbrennen sie nicht so schnell beim Grillen. Das Hühnerfleisch in 7 mm dicke und 2 cm lange Streifen schneiden, die Haut nach Belieben entfernen. In eine Schüssel geben und kalt stellen.

2 Alle Zutaten für die Marinade glatt pürieren und mit dem Fleisch mischen, dieses abgedeckt für mindestens 4 Stunden ziehen lassen.

3 Je ca. 50 g mariniertes Hühnerfleisch möglichst lang gezogen auf einen Spieß stecken. (Je dünner das Fleisch auf dem Spieß steckt, desto schneller und gleichmäßiger gart es.)

4 Den Holzkohlegrill anheizen (alternativ den Gasgrill oder den Backofen mit zugeschalteter Grillfunktion auf 250 °C vorheizen). Den Rost leicht ölen und zwei Drittel der Holzkohle unter der einen Hälfte des Rostes auftürmen, ein Drittel unter der anderen Seite verteilen. (Beim Gasgrill eine Seite stark erhitzen und die andere Seite auf kleiner Flamme laufen lassen. Im Backofen das Fleisch auf oberer Schiene angrillen und dann im unteren Bereich auf einem Blech gar ziehen lassen.)

5 Die Satay-Spieße auf der heißen Seite des Rosts ca. 1 Minute von jeder Seite angrillen, dann auf die weniger heiße Seite des Grills legen und 2–3 Minuten pro Seite nachgaren.

TAMALES

Tamales gibt es in ganz Südamerika. Je nach Herkunftsort verwendet man
Bananen- oder Maisblätter zum Einschlagen. Es gibt hierfür so viele Rezepte,
wie es Köche gibt – also spielt ruhig mit der Schärfe und der Chilimenge.
Der Maisteig verträgt reichlich Würze.

FÜR 10 PORTIONEN

400 g Schweinenacken
400 g Rinderschulter
400 g Zwiebeln, geschält
8 Knoblauchzehen, geschält
Salz
Chilipulver
gemahlener Kreuzkümmel

FÜR DEN TEIG:
400 g Maismehl
100 g Schmalz, zerlassen (alternativ
geklärte Butter oder Pflanzenöl)
ca. 320 ml Fleischbrühe
8 g Salz
1 TL Chilipulver
10 Mais- oder Bananenblätter, in kaltem
Wasser eingeweicht oder aufgetaut

1 1,2 l kaltes Wasser in einen Topf füllen. Beide Fleischsorten zugeben, langsam zum Kochen bringen und dabei den entstehenden Schaum von der Oberfläche abschöpfen. Dann Zwiebeln, Knoblauch, 5 g Salz, je 1 TL Chili und Kreuzkümmel zugeben. Mit geschlossenem Deckel mindestens 4 Stunden bei geringer Hitze köcheln lassen, bis das Fleisch fast zerfällt.

2 Das Fleisch aus dem Topf nehmen und mit 2 Gabeln auseinanderzupfen, Zwiebeln und Knoblauch mit der entstandenen Brühe pürieren. Dann 100–150 ml Brühe mit dem gezupften Fleisch vermengen. Mit Salz, Chili und Kreuzkümmel abschmecken. Beiseitestellen.

3 Maismehl mit Schmalz mischen. Nach und nach die beim Garen des Fleisches entstandene warme Brühe zugeben (je nach Maismehlsorte 280–320 ml). Der Teig sollte gut formbar sein und nicht reißen. Mit Salz und Chili würzen.

4 Den Teig in 120-g-Portionen abwiegen. Jede Teigportion auf ein Mais- oder Bananenblatt geben und zu einem Rechteck von ca. 10 x 8 cm flach drücken. Je 80 g Fleischmasse in die Mitte setzen und den Teig um die Füllung schlagen, sodass ein kleines geschlossenes Paket entsteht. Mit dem Mais- oder Bananenblatt einwickeln.

5 Einen Topf mit Wasser füllen und den Dämpfeinsatz hineinsetzen. Das Wasser aufkochen und die Maispäckchen bei geschlossenem Deckel 15–20 Minuten dämpfen.

HALLOUMI MIT CHILI JAM

Um diese Halloumi-Spieße herzustellen, braucht man nicht viel. Nur Käse und Holzkohle. In Brasilien am Strand sind Jungs mit alten Farbeimern unterwegs, die sie zu mobilen Grills umfunktioniert haben. Ein paar Löcher in den Boden geschlagen, etwas glühende Holzkohle hinein, die Halloumi-Spieße dazu – fertig ist der Snack, der mit seiner knusprigen Oberfläche und dem rauchigen Aroma ein wirklich leckerer Appetizer ist.

FÜR 8 SPIESSE

500 g Halloumi, grob gewürfelt
8 Holzspieße, in Wasser eingeweicht

FÜR DIE CHILI JAM:

400 g braune Zwiebeln, geschält und
fein geschnitten
150 g kleine rote Chilischoten (Birds Eye),
ohne Strunk
700 g große rote Chilischoten, ohne Strunk
5 g Salz
7 Knoblauchzehen, geschält
600 ml neutrales Pflanzenöl, plus etwas extra
80 g Palmzucker, gehackt
150 g Tamarindenpaste
30 g trockene indonesische Garnelenpaste
(Trassie) oder Sojasauce nach Belieben

AUSSERDEM:
etwas neutrales Pflanzenöl
Limettenspalten zum Servieren

1 Für die Chili Jam Zwiebeln, beide Chilisorten, Salz und Knoblauch in einen Mixer geben. Das Öl zufügen und alles ganz fein pürieren. Die Mischung in einen weiten Topf geben und unter ständigem Rühren aufkochen lassen. Aufkommenden Schaum abnehmen. Die Hitze reduzieren und die Chili Jam für mindestens 2 Stunden langsam köcheln. Dabei immer fleißig rühren, damit sie nicht ansetzt. Sobald sie um die Hälfte eingekocht ist, Zucker, Tamarindenpaste und optional Garnelenpaste oder Sojasauce zugeben. 1 weitere Stunde unter Rühren leise köcheln lassen.

2 Die Chili Jam in saubere, trockene Gläser abfüllen, auskühlen lassen, die Oberfläche mit etwas Öl bedecken und kalt stellen.

3 Den Holzkohlegrill anheizen und den Grillrost leicht ölen. Halloumiwürfel auf die eingeweichten Holzspieße stecken und mit etwas Öl bepinseln. Die Käsespieße auf den Rost legen und von allen Seiten grillen, bis sie gut gebräunt sind und ein rauchiges Aroma haben.

4 Die Halloumispieße heiß, am besten direkt vom Grill, mit Chili Jam und Limettenspalten servieren.

CEVICHE

Bei diesem beliebten südamerikanischen Gericht gart der Limettensaft den rohen Fisch, indem die Säure der Limetten das Eiweiß im Fisch denaturiert. Während des Garvorgangs verändert der Fisch seine transparent-glasige Farbe in eine milchig-weiße. Die Garzeit richtet sich zum einen nach der Größe des geschnittenen Fischfilets und zum anderen nach dem gewünschten Garpunkt. Für Sushi-Qualität sollte der Fisch im Kern noch glasig sein, einfach mal nach 60 Minuten einen Würfel aufschneiden und probieren.

FÜR 4 PORTIONEN

450 g frisches Kabeljaufilet, gehäutet
Salz
3 kleine rote Zwiebeln
12 Limetten
1 Habanero-Chilischote
1 Jalapeño

AUSSERDEM:
1 Bund frischer Koriander
Olivenöl zum Würzen
Guacamole (Rezept auf Seite 30) und
Plantain Chips (Rezept auf Seite 129)
zum Servieren

1 Den Fisch in kleine, gleichmäßige Würfel schneiden, in eine große Schüssel geben, diese mit eiskaltem Wasser auffüllen und 1 TL Salz einrühren. Die Schüssel bis zur Weiterverarbeitung in den Kühlschrank stellen.

2 Die Zwiebeln schälen und in feine Ringe schneiden. Jede Limette mehrmals mit der flachen Hand über die Arbeitsfläche rollen, halbieren und mithilfe einer Saftpresse entsaften. Die Habanero putzen, halbieren, entkernen und in sehr feine Streifen schneiden. Die Jalapeño ebenfalls putzen, halbieren, entkernen und in kleine Würfel schneiden.

3 Den Fisch abgießen. Mit Zwiebeln, Habanero und Jalapeño in eine große Schüssel geben und den Limettensaft angießen. Der Fisch sollte vollständig mit Limettensaft bedeckt sein. Die Schüssel für 1–2 Stunden abgedeckt in den Kühlschrank stellen.

4 Den gegarten Fisch in ein Sieb abgießen, dabei den Limettensaft auffangen. Koriander waschen, trocken schleudern und die Blättchen abzupfen. Den Fisch mit 1 Prise Salz und etwas Olivenöl nachwürzen und den Koriander unterheben. Ceviche mit Guacamole und Chips servieren. Den aufgefangenen Limettensaft in kleinen Shot-Gläsern dazu reichen.

BEER BATTERED SWEET POTATO FRIES

FÜR 2 PORTIONEN

....

100 g Mehl (Type 405)

50 g Maisstärke

7 g Backpulver

1 TL geräuchertes Paprikapulver

Salz und Cayennepfeffer

1 Ei

150 ml helles Bier

neutrales Pflanzenöl zum Frittieren

400 g Süßkartoffeln, geschält und in
5 mm dicken Stiften

1 Mehl, Stärke, Backpulver, Paprikapulver und je 1 gute Prise Salz und Cayennepfeffer in eine Schüssel sieben. Alles gut vermengen und in die Mitte eine Mulde drücken. Das Ei hineingeben, dann unter ständigem Rühren das Bier zugießen.

2 Eine Fritteuse mit Öl füllen und auf 180 °C erhitzen. (Alternativ einen hohen, weiten Topf verwenden.)

3 Die Süßkartoffelstifte in die Schüssel mit dem Teig geben und alles gut vermengen. Mithilfe einer Gabel die Süßkartoffelpommes einzeln in die Fritteuse geben. Je nach Größe der Fritteuse die Fritten portionsweise in 3–4 Durchgängen in ca. 4 Minuten und unter regelmäßigem Rühren bzw. Schütteln des Korbes ausbacken. Frittiert man zu viele auf einmal, kleben sie aneinander.

4 Die Fritten in eine Schüssel mit Küchenpapier geben und sofort salzen. Noch heiß mit Ketchup oder Mayo servieren (Rezepte auf Seite 23 und Seite 27).

FRENCH FRIES

Umso kleiner die Portionen sind, die ihr ausbackt, desto besser wird
das Ergebnis. Denn French Fries mögen gerne Platz zum Schwimmen.

FÜR 4 PORTIONEN

1 kg vorwiegend mehligkochende Kartoffeln
1 EL feines Salz
½ Bund Rosmarin, fein gehackt
100 g feuchtes Meersalz

AUSSERDEM:
2 l neutrales Pflanzenöl zum Frittieren
Ketchup (Rezept auf Seite 23) oder
Mayonnaise (Rezept auf Seite 27) zum
Servieren

1 Das Öl in einem großen, weiten Topf oder einer Fritteuse
auf 130–140 °C erhitzen.

2 Die Kartoffeln waschen und mit einer Bürste abschrubben,
sodass nur eine feine Haut zurückbleibt. Die Kartoffeln zuerst
in 5 mm dicke Scheiben, dann in 5 mm dicke Stäbe schneiden.
2 l kaltes Wasser mit Salz verrühren und die Kartoffelstäbe gründlich darin waschen. Für 10 Minuten im Salzwasser liegen lassen,
dann abschütten und trocken tupfen.

3 Ein Backblech mit 2 Lagen Küchenpapier auslegen. Die
Kartoffelstäbe in 3 Portionen im heißen Öl in 4–5 Minuten
garen. Mit einer Schöpfkelle vorsichtig aus dem Öl nehmen und
auf dem Backblech abtropfen lassen. Mit einem Zahnstocher oder
einer Rouladennadel die Garprobe machen – die Kartoffelstäbe
sollten sich leicht durchdringen lassen. Das Öl wieder auf Temperatur bringen und den Vorgang wiederholen, bis alle Kartoffelstäbe
gar sind.

4 Den Rosmarin mit dem Meersalz in einem Mörser vorsichtig
zermahlen, bis das Salz grünlich wird und die ätherischen Öle
des Rosmarins aufgenommen hat.

5 Das Öl auf 190 °C erhitzen. Eine große Schüssel mit Küchenpapier auslegen. Die Kartoffelstäbe am besten in 4 Portionen
in ca. 4 Minuten knusprig frittieren, dabei die Fries ständig in
Bewegung halten. Die Pommes in die Schüssel geben und unter
Schwenken sofort das Rosmarinsalz zufügen. (Salz haftet nur an
noch heißen Fries.) Mit Ketchup oder Mayo servieren.

PLANTAIN CHIPS

Diese knusprig frittierten Chips, die aus Kochbananen hergestellt werden, sind ein wunderbares Topping für die unterschiedlichsten Gerichte. In einer Vorratsdose lassen sie sich luftdicht verschlossen 2–3 Tage aufbewahren. Dazu den Boden der Dose mit etwas Küchenpapier auslegen.

FÜR 5–6 PORTIONEN

3 grüne Kochbananen
1–1,5 l Erdnuss- oder Pflanzenöl
Salz

AUSSERDEM:
Mandoline oder asiatischer Gemüsehobel

1 Die spitzen Enden der Bananen abschneiden und die Bananen quer halbieren. Mit einem scharfen Küchenmesser schälen.

2 Das Öl in einen großen, weiten Topf geben und langsam auf 170 °C erhitzen. (Wer kein geeignetes Thermometer besitzt, kann den Stiel eines Holzkochlöffels in das heiße Fett halten – sobald sich kleine Bläschen um den Stiel herum bilden, hat das Öl die richtige Temperatur.)

3 Die Kochbananen mithilfe der Mandoline oder des Gemüsehobels längs in 3–4 mm dünne Scheiben schneiden (dabei am besten einen Fingerschutz verwenden).

4 Kochbananenscheiben im heißen Öl in ca. 2 Minuten goldgelb frittieren, auf Küchenpapier abtropfen lassen, anschließend leicht salzen. Die Chips warm oder kalt servieren.

TABBOULEH

An mein erstes Tabbouleh erinnere ich mich heute noch sehr gerne. Das gab es auf einer Gartenparty bei einem guten Freund mit libanesischen Wurzeln und es wurde von seinem Vater zubereitet. Ich hätte vorher nicht gedacht, dass ein riesiger Haufen Petersilie mit nur wenigen Handgriffen zu einem solchen Geschmackserlebnis werden könnte. R.I.P M.S.

FÜR 4–6 PORTIONEN

500 g reife Strauchtomaten
Salz
30 g feiner Bulgur
3 Frühlingszwiebeln
600 g glatte Petersilie
20 g frische Minzeblätter
libanesischer 7–Spice–Mix (oder selbst gemacht aus gemahlenem Zimt, Muskat, Ingwer, Piment, schwarzem Pfeffer, Bockshornklee und gemahlenen Nelken)
Saft von 1 Zitrone
100–150 ml Olivenöl

AUSSERDEM:
Khubz (dünnes Fladenbrot) zum Servieren

1 Die Tomaten waschen, trocken tupfen, von Stielansätzen befreien und in kleine Würfel schneiden. In eine Schüssel geben, leicht salzen und beiseitestellen.

2 Den Bulgur in einer Schüssel mit kaltem Wasser 10–15 Minuten einweichen, währenddessen öfter durchrühren. Anschließend sorgfältig abseihen und abtropfen lassen.

3 Frühlingszwiebeln putzen, waschen und trocken tupfen. Mit einem scharfen Messer in sehr feine Ringe schneiden. Die Petersilienblätter von den Stielen zupfen und mit kaltem Wasser waschen. Anschließend gut trocken schleudern und sehr fein schneiden. Minzeblätter ebenfalls waschen, trocken schütteln und sehr fein schneiden. (Die Kräuter am besten nicht hacken, denn das zerstört die Blattstruktur, die dieses Gericht benötigt.)

4 Die Tomaten in ein Sieb abgießen, dabei den Saft auffangen. Kräuter, Frühlingszwiebeln und Tomaten in eine große Schüssel geben. Den Bulgur darüberstreuen und alles behutsam vermengen. Das Tabbouleh mit der libanesischen Gewürzmischung, etwas Tomatenwasser, Salz, Zitronensaft und Olivenöl abschmecken. Mit Khubz servieren.

SOM TAM THAI PAPAYA-SALAT

Dieser frische Salat schmeckt wunderbar zu gegrillten Schweinespießchen oder als Beilage zu gegrilltem Fisch. Wer ihn gerne vegan zubereiten möchte, lässt die Shrimps weg und ersetzt die Fischsauce durch Sojasauce.

FÜR 2 PORTIONEN

30 g Palmzucker

250 g grüne Papaya, geschält

1 kleine Knoblauchzehe, geschält und fein gehackt

Salz

½ Bio-Limette, in 6 Stücken

1 kleine rote Chilischote (Birds Eye), geputzt und grob gehackt (nach Belieben mit Kernen)

30 g Schlangenbohnen (alternativ grüne Bohnen oder Bobby-Bohnen), in 2 cm langen Stücken und in Salzwasser blanchiert

20 g getrocknete Shrimps, in einer Pfanne geröstet

20 ml Thai-Fischsauce

20 g Tamarindenpaste

7 kleine, feste Kirschtomaten, geputzt und halbiert

30 g Erdnüsse, geröstet und gehackt

1 Den Palmzucker mit 10 ml Wasser in eine kleine Schüssel geben und 20–40 Sekunden abgedeckt in der Mikrowelle erwärmen. Gut verrühren, bis ein dicker Sirup entstanden ist.

2 Die Papaya in unregelmäßige 2–5 mm dicke Streifen schneiden. (Im Asialaden gibt es dafür extra Papaya Shredder, man kann aber auch eine Mandoline verwenden oder die Papaya von Hand zunächst in Scheiben und anschließend in Streifen schneiden.)

3 In einem großen Tonmörser den Knoblauch mit 1 Prise Salz grob zerreiben. Die Limettenstücke zugeben und 4- bis 5-mal mit dem Stößel anschlagen. Den Palmzucker zufügen und ca. 10 Sekunden verreiben, bis er sich gut mit dem austretenden Limettensaft verbunden hat. Chili zugeben und erneut 4- bis 5-mal mit dem Stößel anschlagen, bis ein grobes Püree entstanden ist. Bohnenstücke und geröstete Shrimps zufügen und ebenfalls leicht anstoßen, anschließend mit der Fischsauce und der Tamarindenpaste, dann mit den Papayastreifen und zum Schluss mit den Kirschtomaten und Erdnüssen genauso verfahren.

4 Alles gut mit einem Löffel vermengen und den Salat mit dem Saft auf Teller verteilen.

CORN KNOB

FÜR 4 PORTIONEN

....

4 große Maiskolben, ohne Hüllblätter
Salz
200 ml Kokosmilch
5 g Zucker
1 Pandanblatt, klein geschnitten
1 Limette, in 6 Spalten

1 Reichlich Wasser mit 10 g Salz pro Liter in einem großen Topf zum Kochen bringen. Die Maiskolben darin ca. 6 Minuten bei geschlossenem Deckel köcheln, dann in Eiswasser abschrecken und trocken tupfen.

2 Kokosmilch mit Zucker, Pandanblattstücken und 5 g Salz in einem kleinen Topf aufkochen, anschließend bei geringer Hitze 10 Minuten reduzieren lassen. Durch ein Sieb passieren und Pandanblattstücke entfernen.

3 Den Holzkohlegrill anfeuern (alternativ den Gasgrill oder Ofengrill auf 250 °C vorheizen). Die Maiskolben ca. 15 Minuten unter regelmäßigem Wenden grillen. Dabei alle 3 Minuten mit der Kokosmarinade bepinseln. Mit Limettenspalten und der restlichen Marinade servieren.

SWEET

FRITTIERTER APFELKUCHEN MIT VANILLEEIS

Unsere liebe Festival-Kollegin Miriam (»Der kleine Munchkin«) frittiert in ihrem Hänger alles, was nicht bei drei auf den Bäumen sitzt. Nein, Spaß beiseite! Sie umhüllt mit viel Akribie alle erdenklichen Schokoriegel, Pralinen und Kekse mit Ausbackteig und frittiert sie goldgelb. Hin und wieder hat sie auch ein Blech »hausgebackenen« Apfelkuchen dabei! Wir haben ihr Festival-Special noch mit Vanilleeis ergänzt.

FÜR 6 PORTIONEN

FÜR DIE VANILLEEISCREME:
500 ml Milch
100 g Zucker
1 Vanilleschote, aufgeschlitzt
4 Eigelb
6 EL Mandelblättchen
2 TL Puderzucker
1 Prise Salz

FÜR DEN AUSBACKTEIG:
150 g Mehl (Type 405)
½ TL Backpulver
2 EL Puderzucker
1 Ei
2–3 EL Vollmilch

AUSSERDEM:
4 Stücke Apfelkuchen vom Blech
(am besten selbst gebacken)
1,5–2 l neutrales Pflanzenöl zum Frittieren

1 Am Vortag für die Eiscreme die Milch mit der Hälfte des Zuckers aufkochen, die Vanilleschote zufügen und die Milch über Nacht ziehen lassen.

2 Am Folgetag die Milch erneut aufkochen. Eigelbe mit dem restlichen Zucker verrühren. Die heiße Milch langsam unter kräftigem Rühren durch ein feines Sieb zur Eigelbmischung gießen. Die Eismasse über einem heißen Wasserbad aufschlagen, bis sie dickcremig ist. Dann vollständig abkühlen lassen und anschließend in der Eismaschine gefrieren lassen.

3 Die Mandelblättchen in einer trockenen Pfanne goldbraun rösten. Die Pfanne vom Herd nehmen und die warmen Mandeln mit Puderzucker bestäuben und mit Salz würzen. Mehrfach schwenken, um den Zucker gleichmäßig zu verteilen. Die Mandeln auf einem Teller beiseitestellen.

4 Den Kuchen in kleine, mundgerechte Stücke schneiden und für ca. 15 Minuten in das Gefrierfach legen. Währenddessen für den Ausbackteig Mehl, Backpulver und Puderzucker mischen und in eine Schüssel sieben. Ei und Milch verquirlen und zur Mehlmischung geben. Alles zu einem glatten Teig verrühren.

5 Die Fritteuse oder einen großen, weiten Topf auf ca. 175 °C erhitzen. Den angefrorenen Kuchen portionsweise aus dem Tiefkühlfach nehmen, jedes Stück kurz durch den Teig ziehen, sodass es vollständig davon überzogen ist, und sofort in 2–3 Minuten goldgelb frittieren. Mit einer Schaumkelle aus dem heißen Fett nehmen und auf Küchenpapier abtropfen lassen. Mit einer Kugel Vanilleeis und gerösteten Mandeln servieren.

PASTÉIS DE NATA

Die kleinen Blätterteigtörtchen mit cremiger Füllung sind eine portugiesische Spezialität und wurden wohl schon vor über 200 Jahren von Mönchen in einem Kloster hergestellt. Vielleicht stimmt diese Legende ja, denn Pastéis de Nata schmecken einfach himmlisch!

FÜR 12 TÖRTCHEN BZW. 1 MUFFINBLECH MIT 12 MULDEN

....

8 Eigelbe
150 g Rohrzucker
1 EL Speisestärke
300 ml Vollmilch
1 Vanilleschote
200 ml Sahne
Abrieb von 1 Bio-Zitrone
1 Pck. (275 g) gerollter Blätterteig
(aus dem Kühlregal)

....

AUSSERDEM:

Butter für das Blech

1 Die Eigelbe mit dem Zucker cremig aufschlagen. Speisestärke mit 3 EL Milch verrühren. Die Vanilleschote längs halbieren und das Mark herauskratzen.

2 Übrige Milch und Sahne mit der Vanilleschote, dem Mark und Zitronenabrieb aufkochen und anschließend durch ein Sieb passieren, die Schote entfernen. Die warme Vanillemilch nach und nach mit einem Schneebesen in die Eigelbmischung rühren, bis eine glatte Masse entsteht. Aufgelöste Speisestärke unterrühren. Die Creme erneut bei geringer Temperatur erhitzen, bis sie leicht bindet. Anschließend auskühlen lassen.

3 Den Backofen auf 230 °C vorheizen, das Muffinblech mit Butter einfetten. Den Blätterteig ausrollen. Mit einem Ausstecher Kreise (Ø ca. 9,5 cm) aus dem Teig ausstechen und die Vertiefungen des Bleches damit auskleiden. Darauf achten, dass der Teig glatt in den Mulden liegt, es sollten keine Luftbläschen entstehen. Die Creme in einen Spritzbeutel geben und den Blätterteig damit füllen.

4 Das Muffinblech in den Ofen schieben und die Pastéis de Nata 20–25 Minuten backen. Anschließend kurz abkühlen lassen, dann noch warm aus den Mulden lösen.

BANANEN-NOUGAT-BRIOCHE MIT RAUCHMANDELN

Zu diesem Sandwich wurden wir von Andy Vorbusch inspiriert, der ein sehr geschätzter Kollege ist und die Patisserie »SÖÖT« in Düsseldorf betreibt. Andy wurde mehrfach zum Patissier des Jahres ausgezeichnet und hat auf dem Street Food Festival in Düsseldorf neben unzähligen anderen Köstlichkeiten auch dieses Sandwich zubereitet. Vielen Dank an Andy für das Rezept der Nougatcreme!

FÜR 6 SANDWICHES

....

FÜR DIE NOUGATCREME (AKA »FORGET NUTELLA«):
125 g dunkle Kuvertüre
310 g Nougat
310 ml Sahne
50 g Zucker

....

FÜR DIE SANDWICHES:
6 EL Rauchmandeln, gesalzen und geröstet
1 große Brioche (selbst gebacken oder vom Bäcker)
6 reife Bananen

....

AUSSERDEM:
Kontaktgrill

1 Für die Creme Kuvertüre und Nougat fein hacken. Sahne und Zucker unter Rühren aufkochen, bis sich der Zucker aufgelöst hat.

2 Die Sahnemischung vom Herd nehmen, Kuvertüre und Nougat zugeben. Alles 2 Minuten stehen lassen, dann mit einem Pürierstab mixen, bis eine glatte Creme entstanden ist. Die Creme in eine Schüssel umfüllen und vollständig auskühlen lassen. Anschließend über Nacht in den Kühlschrank stellen.

3 Die Nougatcreme am nächsten Tag Zimmertemperatur annehmen lassen. Die Mandeln grob hacken. Die Brioche in 12 ca. 2 cm dicke Scheiben schneiden. Die Bananen schälen, auf die Größe der Briochescheiben kürzen und längs halbieren. Den Kontaktgrill vorheizen.

4 Die Briochescheiben jeweils mit 1–1,5 EL Nougatcreme bestreichen. 6 Scheiben mit Mandeln bestreuen und mit je 2 Bananenhälften belegen. Die übrigen Scheiben darüberklappen und die Sandwiches nacheinander im Kontaktgrill backen. Anschließend diagonal halbieren.

STICKY RICE MIT MANGO UND KOKOSMILCH

Das Thai-Dessert schlechthin. Hier wird alles vereint, wofür Thailand bekannt ist: Kokosmilch, Klebereis und Mango sowie Jasminblüten und Pandanblätter zum Parfümieren.

FÜR 6 PORTIONEN

200 g Klebereis (Sticky Rice oder Glutinous Rice)
5 g getrocknete Jasminblüten
1 reife Thai-Flugmango
2 TL Sesamsamen, geröstet

FÜR DIE SÜSSE KOKOSMILCH:
200 ml Kokosmilch
1 Prise Salz
180 g weißer Zucker

FÜR DIE SALZIGE KOKOSMILCH:
200 ml Kokosmilch
40 g Zucker
½ TL Salz
½ TL feines Reismehl
2 Pandanblätter, klein geschnitten

1 Am Vorabend den Reis in ein Sieb geben und das Sieb in eine Schüssel stellen. Den Reis mit kaltem Wasser gründlich waschen. Den Vorgang 3- bis 4-mal wiederholen, dabei das Wasser jedes Mal wechseln. Den Reis anschließend für 8 Stunden in kaltem Wasser einweichen.

2 Am nächsten Tag den Reis erneut gründlich waschen, dann in einen mit einem dünnen Küchentuch ausgelegten Dämpfeinsatz geben und das Wasser mit Jasminblüten parfümieren. Den Reis 40–60 Minuten dämpfen, dabei darauf achten, dass immer genug Wasser im Topf ist.

3 In der Zwischenzeit die süße und die salzige Kokosmilch zubereiten: Dazu jeweils alle Zutaten mischen, in getrennten Töpfen einmal aufkochen und warm halten.

4 Den fertig gedämpften Reis in eine Schüssel füllen, die süße Kokosmilch sofort zugeben und vorsichtig unterheben. Warm halten.

5 Die Mango schälen, längs halbieren und in 3 cm dicke Scheiben schneiden. Den Reis in tiefen Tellern anrichten, die Mango fächerförmig darauf verteilen, mit etwas Sesam bestreuen und die passierte salzige Kokosmilch zugießen. Warm servieren.

BERLINER

Die frittierten Krapfen aus süßem Hefeteig haben neben verschiedenen Konfitüre-Füllungen je nach Region auch unterschiedliche Namen. Das Verwirrende: Ausgerechnet in der Hauptstadt heißen die Berliner Pfannkuchen.

FÜR 15–20 KRAPFEN

....

42 g Frischhefe
160 ml lauwarme Milch
500 g Mehl (Type 405)
50 g feiner Zucker
1 Prise Salz
Mark von 1 Vanilleschote
Abrieb von ½ Bio-Zitrone
2 Eier
1 Eigelb
100 g Butter, zerlassen

....

AUSSERDEM:
Mehl für die Arbeitsfläche
1 l neutrales Pflanzenöl zum Frittieren
250–300 g feiner Zucker zum Wälzen
ca. 180 g Marmelade nach Belieben
(wir verwenden Großmutters passierte
Aprikosenmarmelade)

1 Ein Backblech mit Backpapier auslegen. Die Hefe zerbröseln und in der lauwarmen Milch auflösen, 100 g Mehl zugeben und mit einem Schneebesen glatt rühren. Den Vorteig mit Frischhaltefolie abgedeckt 20 Minuten an einem warmen Ort gehen lassen.

2 Das übrige Mehl in eine Schüssel füllen. Zucker, Salz, Vanillemark, Zitronenabrieb, Eier, Eigelb, zerlassene Butter und die Hefemilch zufügen und alles zu einem glatten Teig verkneten. Den Teig erneut 20 Minuten abgedeckt an einem warmen Ort gehen lassen.

3 Anschließend auf der leicht bemehlten Arbeitsfläche mit den Händen kräftig durchkneten. Den Teig zu einer langen Rolle formen und in 15–20 gleich große Stücke teilen. Die Stücke zu Kugeln formen, diese mit genügend Abstand auf das Backblech legen und mit einem Küchentuch abdecken. Die Teigkugeln an einem warmen Ort gehen lassen, bis sich ihr Volumen verdoppelt hat.

4 Das Öl in einer Fritteuse oder einem hohen, weiten Topf auf 165–170 °C erhitzen. Die Kugeln darin portionsweise (nicht zu viele auf einmal) ca. 1 Minute frittieren. Die Krapfen mithilfe eines Holzlöffels behutsam wenden und in 1 weiterer Minute fertig backen. Mit einer Schaumkelle aus dem Öl nehmen und auf Küchenpapier abtropfen lassen.

5 Die Marmelade in einen Spritzbeutel mit kleiner Lochtülle füllen. Etwas Marmelade in die Mitte der Krapfen spritzen. Die Berliner nach dem Füllen in Zucker wälzen.

BUTTERMILCH-WAFFELN MIT BLAUBEEREN

Diese leckeren Waffeln schmecken natürlich nicht nur mit Blaubeeren. Je nach Saison lassen sich auch andere Früchte auf dieselbe Weise verarbeiten und zu den Buttermilch-Waffeln servieren.

FÜR 7–15 WAFFELN, JE NACH WAFFELEISEN

1 Vanilleschote
300 ml Sahne
1,5 EL Puderzucker
6 Eier
1 Prise Salz
80 g Zucker
250 g Mehl (Type 405)
2 TL Backpulver
250 g Hartweizengrieß
250 g Butter, zerlassen
Abrieb von ½ Bio-Zitrone
500 ml Buttermilch

AUSSERDEM:
Waffeleisen
Butterschmalz zum Ausbacken, zerlassen
1 EL Puderzucker, plus etwas zum Bestäuben
500 g Blaubeeren, gewaschen und verlesen
100 ml brauner Rum

1 Die Vanilleschote längs aufschneiden und das Mark mit dem Messerrücken herauskratzen. Die Sahne mit der Hälfte des Vanillemarks und dem Puderzucker cremig (nicht zu steif) aufschlagen. Kalt stellen.

2 Die Eier trennen. Eiweiße mit dem Salz luftig-steif schlagen, dabei nach und nach den Zucker einrieseln lassen.

3 Mehl und Backpulver mischen und in eine Schüssel sieben. Mit dem Grieß vermengen. Das übrige Vanillemark, Eigelbe, Butter, Zitronenabrieb und Buttermilch zum Mehl in die Schüssel geben und alles zu einem glatten Teig verrühren. Den Eischnee behutsam unterheben.

4 Das Waffeleisen vorheizen, mit etwas flüssigem Butterschmalz bepinseln. Den Teig mit einer Kelle portionsweise in das Waffeleisen geben und in 3–5 Minuten (je nach Größe und Form des Waffeleisens) goldbraun backen.

5 Eine große Pfanne erhitzen, den Puderzucker zufügen und leicht karamellisieren lassen. Blaubeeren zugeben und kurz durchschwenken, mit braunem Rum ablöschen und einkochen lassen.

6 Die Waffeln auf einem Kuchengitter lauwarm abkühlen lassen. Dann mit der Vanillesahne und den Blaubeeren servieren. Mit Puderzucker bestäuben.

DRINKS

KOMBUCHA SHAKE

Kombucha ist ein Getränk, das seit Jahrhunderten auf die gleiche Weise hergestellt wird. Tee, Zucker und eine symbiotische Kultur aus Hefen und Bakterien, ähnlich einer Essigmutter, ergeben ein – je nach Lagerzeitraum – süß-säuerliches bis essigartiges Fermentations-Getränk. Mit Früchten und Gewürzen gemischt, erhält man einen erfrischenden Sommerdrink, dem auch noch gesundheitsfördernde Eigenschaften zugesagt werden.

FÜR 4 GLÄSER (À 200 ML)
....

100 g Blaubeeren

100 g Brombeeren (oder andere saisonale Früchte, auch Pflaumen oder Mangos eignen sich hervorragend)

30 g Muscovado-Zucker

1 Prise Salz

10 g frisch geriebener Ingwer

30 g Tamarindenpaste

550 ml Kombucha (Reformhaus)

Eiswürfel

1 Die Beeren waschen, abtropfen und mit Zucker, Salz, Ingwer, Tamarindenpaste und 100 ml Kombucha in einem Mixer glatt pürieren.

2 Das Beerenpüree durch ein Sieb streichen und mit dem übrigen Kombucha vermischen. Die Eiswürfel auf Gläser verteilen, den Kombucha Shake zugießen und sofort servieren.

STRAWBERRY CARAMEL MILKSHAKE

FÜR 4 GLÄSER (À 200 ML)

Für den Schokoladenrand:

5 EL bunte Zuckerkugeln

100 g Vollmilchschokolade

FÜR DEN SHAKE:

350 g Erdbeeren, gewaschen, entkelcht
und geviertelt

2 TL brauner Zucker

1 Dose gesüßte Kondensmilch

500 g Vanilleeiscreme (Rezept auf Seite 138)

300 ml Milch

1 Prise Salz

1 Für den Schokoladenrand die Zuckerperlen in einen Teller geben. Die Schokolade klein hacken, über dem heißen Wasserbad schmelzen und glatt rühren. Die Glasränder in die flüssige Schokolade tauchen und dann sofort in die Zuckerperlen drücken. Die Gläser in das Gefrierfach stellen.

2 Für den Shake die geviertelten Erdbeeren mit dem Zucker in eine Schüssel geben. Gut mischen und kalt stellen.

3 2 Liter Wasser in einem Topf zum Kochen bringen, die geschlossene Dose Kondensmilch hineingeben und für gute 50 Minuten stark kochen lassen. Dabei darauf achten, dass die Dose immer vollständig mit Wasser bedeckt ist. (Je länger die Dose kocht, umso dunkler wird der Karamell, nach 2 Stunden ist er stichfest und dunkelbraun.)

4 Die Dose mit einer Schaumkelle aus dem Topf nehmen und in eine Schüssel mit kaltem Wasser legen. Vor dem Öffnen abkühlen lassen.

5 Gezuckerte Erdbeeren, 100 g Karamell aus der Dose (den Rest anderweitig verwenden, zum Beispiel als Sauce für Eiscreme), Vanilleeis, Milch und Salz in einen Standmixer oder ein hohes Gefäß geben und glatt pürieren. Den Shake auf die eisgekühlten Gläser verteilen und sofort genießen.

SILVERSKIN ICE TEA

FÜR 2,4 L EISTEE

60 g Silverskin (kleine, dünne Silberhäutchen
von Kaffeebohnen; ein Abfallprodukt, das
beim Rösten des Rohkaffees entsteht und
sich kurz vor dem sogenannten ersten
»Crack« der Kaffeebohne löst – fragt
einfach euren Kaffeeröster danach wie
wir Ursula Wiedenlübbert aus unserer
Lieblingskaffeerösterei, dem »Kaffeereich«;
vielen Dank für dieses Rezept!)
5 g Kamillenblüten
100 ml Holunderblütensirup
300 ml Apfelsaft
Eiswürfel

1 2 l Wasser auf 80 °C erwärmen. Silberhäutchen und
Kamillenblüten in einen großen Topf geben und mit dem
Wasser übergießen.

2 Den Aufguss 5 Minuten ziehen lassen und durch ein feines
Sieb in einen anderen Topf gießen. Holunderblütensirup und
Apfelsaft zufügen. Die Mischung am besten in einem Eiswasserbad
rasch abkühlen lassen. Den Tee für ca. 1 Stunde im Kühlschrank
kalt stellen. Dann auf Gläser oder kleine Flaschen verteilen und mit
Eiswürfeln servieren.

LIMONADE MIT ZITRONENGRAS UND THAI-BASILIKUM

FÜR 4 GROSSE GLÄSER

....

5 Bio-Limetten

5 Stangen Zitronengras

400 g brauner Zucker

1 großes Bund Thai-Basilikum

20 Eiswürfel

1 l Mineralwasser

1 Die Limetten heiß abwaschen, trocken tupfen und schälen. Die Schale aufbewahren und die Limetten auspressen. Den Saft beiseitestellen.

2 Von 3 Stangen Zitronengras die festen, äußeren Lagen entfernen, hierfür den Strunk am dickeren Ende abschneiden und die ersten 2 Lagen abblättern. Die Stangen in feine Ringe schneiden. Limettenschalen und das geschnittene Zitronengras mit 1 l Wasser und dem Zucker bei geringer Hitze 10 Minuten köcheln lassen. Einmal aufkochen, vom Herd nehmen und 15 Minuten zugedeckt ziehen lassen. Den Sirup durch ein feines Sieb passieren und im Kühlschrank 2 Stunden auskühlen lassen.

3 300 ml Sirup (den übrigen Sirup kalt stellen und für den nächsten Aufguss verwenden) und 100 ml Limettensaft in eine große Karaffe füllen. Thai-Basilikum und Eiswürfel zugeben und mit 1 l eiskaltem Mineralwasser auffüllen. Mit einem Löffel gut umrühren.

4 Die übrigen Zitronengrasstangen putzen, halbieren und auf die Gläser verteilen. Die Limonade zugießen und eiskalt genießen.

MASALA CHAI

FÜR DEN CHAI:

1 Prise Salz

5 g frischer Ingwer, zerstoßen

40 g Muscovado-Zucker

10 g loser schwarzer indischer Tee
(alternativ 3 Teebeutel)

400 ml Vollmilch

**FÜR DIE GEWÜRZMISCHUNG
(MASALA GUJARATI):**

20 g gemahlener Ingwer

10 g Kardamomsamen

20 g Muskatnuss, zerstoßen

10 g schwarzer Pfeffer

20 g Zimtstange, zerstoßen

10 g Nelken

1 Die Gewürze bis auf den Ingwer einzeln in einer vorgeheizten Pfanne 2–3 Minuten rösten, bis sie ihr volles Aroma entfaltet haben. Dann entweder im Mörser pulverisieren oder in einer Kaffeemühle auf feinster Stufe mahlen. (Anschließend ca. 4 EL rohen Reis durch die Mühle lassen, um Gewürzreste zu entfernen.) Alle Gewürze gut mischen und in einem luftdicht verschlossenen Behälter aufbewahren.

2 Für den Chai 400 ml Wasser mit Salz und Ingwer aufkochen. Den Topf vom Herd nehmen und Zucker und Tee zugeben. Die Mischung wieder leicht zum Köcheln bringen. Den Topf erneut vom Herd nehmen und 2 TL Masala-Gewürzmischung und die Milch zugeben. Alles gut verrühren und nochmals aufkochen.

3 Den Chai durch ein kleines Teesieb in 4 Gläser gießen.

REZEPTÜBERSICHT

REGISTER

OLIVER BRACHAT arbeitet als erfolgreicher Still-Life-Fotograf in seinem eigenen Studio in Düsseldorf. Mit viel Kreativität und Liebe zum Detail schafft er außergewöhnliche Food-Fotografien. Zuletzt im Hölker Verlag erschienen sind neben seiner dreiteiligen *Ordentlich-kochen!*-Reihe seine Kochbücher *Burger, Meine feine Chocolaterie* und *Mein Kräuter- und Blumenkochbuch.* www.oliverbrachat.com

TORSTEN HÜLSMANN (rechts) arbeitet nach abgeschlossener Hotelfach- und Kochausbildung in verschiedenen ausgezeichneten Sternerestaurants. Seine große Leidenschaft, Lebensmittel nicht nur geschmacklich, sondern auch visuell perfekt in Szene zu setzen, bringt ihn schließlich zum Foodstyling. Seit 2012 arbeitet er selbstständig als Foodstylist und Rezeptautor. www.foodmanufactory.com

ANTONIO BUNTENKÖTTER (links) sammelt auf zahlreichen Stationen, die ihn über die Türkei auch für drei Jahre nach Sidney führen, die unterschiedlichsten kulinarischen Eindrücke. 2013 verabschiedet er sich aus der Hotellerie und ist seitdem als Freelancing Chef tätig. Dies umfasst u. a. Consulting für gastronomische Betriebe, die Leitung von Kochkursen sowie die Planung und Durchführung von Caterings.

Seit 2014 mischen Torsten und Antonio mit ihren leckeren, kreativen, meist asiatisch inspirierten Gerichten aus ihrer STRASSEN-KÜCHE gemeinsam die Street Food Festivals dieses Landes auf. www.strassenkueche.de

DANKE an Leica für den Verleih von Equipment

5 4 3 2 1 20 19 18 17 16
ISBN 978-3-88117-956-0

Fotografie: Oliver Brachat, www.oliverbrachat.com
Fotoassistenz: Philip Dahlmann
Rezepte und Küche: Thorsten Hülsmann, Antonio Buntenkötter
Redaktion: Lisa Frischemeier
Lektorat: Christin Geweke
Layout: Wessinger und Peng
Satz und Litho: typocepta, Köln

www.hoelker-verlag.de